CONTENTS

A Nouns and articles

A1 Gender

STUDENT BOOK 13,77   GRAMMAR SECTION 225

> All nouns in French are either masculine or feminine.
> - Masculine nouns are preceded by *le* or *un*.
> - Feminine nouns are preceded by *la* or *une*.
> - *Le* and *la* become *l'* before a noun beginning with a vowel.

1 Soulignez tous les noms masculins et entourez tous les noms féminins. Vérifiez dans un dictionnaire.

1	maison	**5**	région
2	gite	**6**	montagne
3	ville	**7**	quartier
4	village	**8**	campagne

2 Mettez chaque terminaison sous le bon titre.

> -age   -ée   -eau   -ette   -eur
>
> -ance   -ment   -ation   -in   -ère

> Certain noun endings are generally masculine; others are generally feminine. Beware, however, as there many exceptions.

Les terminaisons typiquement masculines

1 ....
2 ....
3 ....
4 ....
5 ....

Les terminaisons typiquement féminines

1 ....
2 ....
3 ....
4 ....
5 ....

3 Remplissez les blancs avec *un* ou *une*. Pensez aux terminaisons mais faites attention : il y a des exceptions à la règle.

1	.... garage	**6**	.... situation
2	.... cuisine	**7**	.... jardin
3	.... bureau	**8**	.... plage
4	.... village	**9**	.... appartement
5	.... rez-de-chaussée	**10**	.... piscine

A2 Plurals

> - Most French nouns form their plural by adding -s.
> - Nouns that end in -s, -x or -z in the singular stay the same in the plural.
> - Le, la and l' become les when used with a plural noun.

1 Mettez chaque nom au pluriel.

  1 la maison ....   **5** le temps ....

  2 la pièce ....   **6** le lit ....

  3 le pays ....   **7** le prix ....

  4 la chambre ....   **8** la salle de bains ....

> - Nouns ending in -(e)au or -eu form their plural by adding -x.
> - Nouns that end in -al form their plural with -aux.
> - Nouns ending in -ail form their plurals with -aux.
> - Nouns ending in -ou form their plurals by adding -s (e.g. trou – trous). Exceptions that form their plurals by adding -x include bijou, chou and genou (bijoux, choux, genoux).
>
> Remember that there are other exceptions to these rules. If you are unsure, check in a dictionary.

2 Remplissez chaque blanc en écrivant le nom au pluriel ou au singulier.

  1 le bureau → les ....

  2 le travail → les ....

  3 le château → les ....

  4 le .... → les rideaux

  5 le .... → les festivals

  6 le genou → les ....

> - Some nouns are singular but have a plural meaning, e.g. la famille. These nouns take a singular verb.
> - Some French nouns can only be used in the plural.
> - In French, sometimes a plural is used where in English a singular form would be used and vice versa.

3 Complétez chaque phrase en choisissant les bons mots dans la liste. Attention ! il y a des mots en trop.

est	mon devoir	sont
à la montagne	un jean	est
mangent	Le transport en commun	sont
viennent	mes devoirs	vient
aux montagnes	Les transports en commun	des jeans
vacances		mange

1 J'habite ....

.... ne sont pas bons, il y a rarement des bus.

2 Ma famille .... toujours le

diner dans la salle à manger.

3 Je fais .... dans la salle à

manger car il y a une grande table.

4 D'habitude, je vais en .... en

aout.

5 Elle s'habille toujours dans sa chambre ; d'habitude, elle met ....

.... et un pull.

6 Un groupe d'amis .... chez moi ce soir.

7 La plupart d'entre eux .... dans le salon.

8 Tout le monde .... dans la cuisine.

A3 Definite articles (*le, la, l', les*)

In French the word for 'the' has four forms: *le*, *la*, *l'* and *les*. The definite article is often needed in French where English leaves it out:
- with a noun used in a general sense

  Il aime beaucoup le chocolat.
- with countries and languages

  Le français est ma matière préférée.
- with parts of the body

  J'ai les mains propres.
- with days of the week to convey 'every'

  Le lundi, j'ai mon cours de théâtre.
  On Mondays [every Monday], I have my drama class.

> **Note**: when referring to one particular day, the definite article is not needed.
>
> *Je vais en ville mardi.*
>
> I am going into town on Tuesday [not every Tuesday].
>
> Similarly, the definite article is sometimes not needed in French where it is in English.
>
> *Je surfe souvent sur Internet.*

1 Entourez les articles définis dans les phrases ci-dessous. Ensuite, traduisez les phrases en anglais sur une feuille à part.

1 La maison de mes grands-parents se situe au bord de la mer.

2 La chambre de mon frère est assez petite.

3 J'adore le français ; c'est ma matière préférée.

4 Les parents de Claire adorent le Canada et vont acheter une maison là-bas.

5 Je veux vraiment visiter l'Australie.

6 Personnellement, je n'aime pas les voisins.

7 Nous prenons toujours le petit déjeuner dans la cuisine.

8 Ma chambre donne sur la mer.

2 Remplissez chaque blanc avec le bon article défini. Attention ! il n'en faut pas toujours un.

1 .... vendredi, il va inviter des amis car c'est .... jour de son anniversaire.

2 .... soir, elle aime tchatter avec des amis sur .... Internet.

3 .... été prochain, nous allons en .... France.

4 .... touristes adorent .... vieille ville.

5 Mon petit frère a .... pieds tout mouillés.

6 Prendre .... petit déjeuner est très important.

7 Ma sœur aime bien .... sciences.

8 .... dimanche, je dine souvent devant .... télé.

9 .... élèves britanniques doivent étudier .... maths et .... anglais jusqu'à .... âge de 16 ans.

10 J'achète toujours .... journal quand je vais en ville.

3 Traduisez les phrases en français.

1 I prefer to eat dinner in the dining room.

....

2 He doesn't like chicken.

....

3 I often go to France to practise French.

....

4 My dad is always surfing the Internet.

....

5 My sister is watching television in the living room.

....

6 Houses in France are bigger than houses in Britain.

....

7 Charlotte's flat is very modern.

....

8 My mum's office is quite small.

....

> *Le* and *les* contract to *au* and *aux* when used with *à* but there are no changes with *la* and *l'*:
>
> > *Je vais **au** magasin. Ils sont **aux** magasins.*
> >
> > *Nous allons **à l'**école / **à la** poste.*
>
> Similarly, *le* and *les* contract to *du* and *des* when used with *de* but there are no changes with *la* and *l'*.
>
> > *Ma maison se situe près **des** magasins. La salle à manger est à côté **du** salon. Nous rentrons **de l'**école / **de la** poste.*

4 Remplissez chaque blanc avec *au, à la, à l'* ou *aux*.

1 Ma chambre se trouve .... étage.

2 La cuisine est .... rez-de-chaussée.

3 On joue souvent .... boules dans le jardin quand il fait beau.

4 Ma maison se situe .... campagne.

5 La chambre de mes parents est .... deuxième étage.

6 Ils habitent .... bord de la mer.

7 Le weekend, nous regardons souvent un film .... télé.

8 Elles habitent .... États-Unis.

5 Remplissez chaque blanc avec *du, de la, de l'* ou *des*.

1 Le bureau de ma mère est à côté .... salle à manger.

2 Notre maison se situe à côté .... appartement de ma tante.

3 Chaque soir, mon père joue .... piano.

4 Leur maison se trouve près .... meilleurs restaurants .... ville.

5 Ma sœur sort son jean .... armoire.

6 Mes grands-parents habitent au bord .... mer.

7 Nos voisins viennent .... Ile Maurice.

8 Mon cousin rentre .... États-Unis aujourd'hui.

A4 Indefinite articles (*un, une, des*)

In French the word for 'a' or 'an' has two forms: *un*, used for masculine nouns and *une*, used for feminine nouns. With plural nouns, *des* is used.

The indefinite article is mostly used in the same way as in English but is sometimes not needed in French where it is used in English, e.g. with jobs (*Elle est ingénieure*) and with negatives followed by 'a', 'an' or 'any' (*Nous n'avons pas de chat*). **Note**, however: *C'est un professeur génial.*

1 Entourez les articles indéfinis dans les phrases ci-dessous. Ensuite, traduisez les phrases dans votre langue sur une feuille à part.

1 Nous habitons dans une belle maison traditionnelle.

2 C'est un bel appartement près du centre sportif.

3 Ma famille et moi mangeons souvent des céréales au petit déjeuner.

4 Isabelle habite dans un petit village dans le sud de la France.

5 Là où j'habite, il y a des magasins, des cafés et même un petit cinéma. Cependant, il n'y a pas de théâtre.

6 Mon oncle est médecin et habite dans une grande maison individuelle.

7 C'est un quartier touristique. Vraiment, il y a des touristes partout.

8 Le Finistère est un département en Bretagne, dans l'ouest de la France.

2 Remplissez chaque blanc pour compléter les phrases. Attention ! il ne faut pas toujours un article indéfini.

1 Moi, je veux être .... vétérinaire plus tard, comme mon père. Il adore les animaux.

2 Nous habitons dans .... appartement, donc on n'a pas .... jardin.

3 C'est .... région pittoresque. Il y a donc .... touristes partout.

4 Je voudrais habiter dans .... grande maison.

5 Vous habitez dans .... quartier industriel ?

6 Le weekend, nous invitons souvent .... amis.

7 Ma sœur veut trouver un petit boulot comme .... serveuse pour gagner .... peu d'argent.

8 Sous le lit de mon frère, il y a souvent .... vêtements, ... chaussures, ... livres...

3 Traduisez les phrases en français.

1 My sister would like to be a journalist.

....

2 He's a teacher now.

....

3 We don't have a cellar.

....

4 They live in an enormous flat but there isn't a garden.

....

5 There is a terrace and even a small swimming pool.

....

6 In the evening, I send texts to friends.

....

A5 Partitive articles (*du, de la, de l', des*)

STUDENT BOOK 28,71,79 | GRAMMAR SECTION 228

The partitive article in French corresponds to the English 'some' and is used to indicate a certain, vague, quantity. The partitive article is formed as follows:

	Masculine	**Feminine**
Singular	*de + le = du*	*de la*
Plural	*de + les = des*	*de + les = des*

The partitive articles *du* and *de la* become *de l'* before a noun starting with a vowel or silent *h*, e.g. *de l'eau*. The partitive article must be used in French, even where it is omitted in English.

1 Reliez les débuts et les fins de phrases pour faire des phrases complètes.

1 Je vais au supermarché pour acheter de la...

2 De temps en temps, je mange des...

3 J'écoute souvent de la...

4 Oui, je viens chez toi mais d'abord j'ai des...

5 Ouais, on va manger du...

6 Ma sœur et moi faisons souvent du...

7 Nous habitons au bord de la mer et faisons donc de la...

8 Personnellement, je bois toujours de l'

9 Mes amies préfèrent boire des

10 Il faut que j'achète du

a devoirs à faire.

b glace.

c eau avec mon déjeuner.

d vélo dans le parc.

e hamburgers, mais pas souvent.

f boissons sucrées. Quelle horreur !

g voile.

h poulet ce soir.

i café car je n'en ai plus.

j musique dans ma chambre, le soir.

2 Remplissez chaque blanc avec le bon article partitif.

1 Alors, qui va prendre .... dessert ?

2 Marc fait .... natation ; il a .... chance, il y a une grande

piscine près de chez lui.

3 Quand je suis en Bretagne, je mange toujours .... galettes.

4 En Afrique du nord, on mange souvent .... couscous.

5 J'essaie de manger sain : .... fruits, ... légumes, ... noix...

6 Vous voulez encore .... viande ?

7 Au lieu .... chocolat au lait, choisissez .... chocolat noir.

8 Mon petit frère mange rarement .... salade. Il a horreur de ça.

> There are a few occasions where the partitive article becomes *de*:
> - with verbs in the negative
>
>   *Je ne mange pas **de** légumes.*
> - with an adjective in front of the noun
>
>   *Il y a **de** grands magasins.*
> - after expressions of quantity
>
>   *beaucoup **de**..., peu **de**... un litre **de**... etc.*

3 Remplissez chaque blanc avec le bon article partitif.

1 Mon prof me donne trop .... devoirs. Ce n'est pas juste !

2 Je dois manger plus .... fruits et .... légumes parce qu'ils
sont bons pour la santé.

3 Chez moi, on ne mange jamais .... huitres le jour de Noël. On
mange plutôt .... dinde.

4 Chéri, tu peux acheter .... pain, un litre .... lait et ....
grandes bouteilles .... eau, s'il te plait ?

5 Un .... inconvénients de ce quartier, c'est qu'il y a trop ....
touristes en été.

6 Boire beaucoup .... boissons sucrées est mauvais pour la santé.

7 Il a peu .... temps mais va tout de même manger .... frites.

8 Tiens, voici .... carottes. Ou tu veux peut-être plus .... haricots ?

9 Non merci, je ne prends pas .... dessert.

10 Là où j'habite, il y a .... cafés et .... bons restaurants.

B Adjectives and pronouns

B1 Adjective agreements

1 Soulignez les adjectifs dans les phrases ci-dessous. Notez si chaque adjectif est masculin ou féminin et singulier ou pluriel.

1 C'est une grande maison grise et pas très jolie.

....

2 C'est une petite voiture noire.

....

3 Son appartement est vraiment moderne.

....

4 Il y a une grande cuisine bien équipée.

....

5 C'est un gite charmant et très confortable.

....

6 J'habite dans un petit village situé dans une région touristique.

....

7 Franchement, le salon est laid. Les rideaux sont verts et les murs sont gris.

....

8 Les maisons ici ont toutes des jardins énormes.

....

9 Ma copine a une petite piscine. Quelle chance !

....

10 La chambre de mon frère est grande et claire.

....

> In French, the spelling of an adjective will usually change to agree with the noun that it is describing. Usually an adjective will add an -e in the feminine and an -s in the plural. Remember:
> - adjectives already ending in -e are the same in the masculine and feminine, e.g. *rouge*
> - adjectives already ending in -s do not add -s in the masculine plural, e.g. *gris*

2 Complétez les phrases avec la bonne forme de chaque adjectif entre parenthèses.

1 Voici une région .... (*historique*),

.... (*populaire*) chez les touristes.

2 Clara habite dans un .... (*grand*) appartement

.... (*moderne*) au centre-ville.

3 À mon avis, ma chambre est trop .... (*petit*) et j'ai

horreur du tapis .... (*vert*).

4 Ce jardin est .... (*énorme*).

5 Là où j'habite, il y a de .... (*grand*) magasins et un

château .... (*impressionnant*).

6 C'est une ville .... (*fleuri*) et extrêmement

.... (*joli*).

7 Mes grands-parents habitent dans une maison ....

(*jumelé*) dans une région .... (*touristique*).

8 J'adore ce gite, même si .... (*certain*) pièces sont

un peu (*sombre*).

3 Complétez chaque blanc avec un adjectif de l'encadré. Faites attention aux accords.

Moi, j'habite dans une **1**............................ maison **2**............................

située dans un quartier **3**............................ . Ma pièce

4............................ , c'est sans doute ma chambre car elle est

5............................ et bien **6**............................ . Ceci dit, j'aime aussi

le salon. C'est vrai qu'il est plutôt **7**............................ , mais il est

8............................ tout de même, avec des rideaux **9**............................ et

les murs **10**............................ . Et j'adore le **11**............................ fauteuil

12............................ .

| grand |
| agréable |
| bleus |
| confortable |
| rangée |
| petite |
| charmante |
| claire |
| gris |
| petit |
| rose |
| préférée |

> Some French adjectives do not follow the regular pattern of adding -e in the feminine and -s in the plural, e.g. *blanc/blanche*, *doux/douce*, *favori/favorite*, *long/longue* and *sec/sèche*. Many irregular adjectives follow their own pattern:
> - the adjectives *beau/nouveau/vieux* end in *-el/-eil* in front of a masculine noun beginning with a vowel or a silent *h* (*un bel homme*, *un vieil appartement*) and form their masculine plural with the ending *-x*
> - the masculine adjective ending *-eux* becomes *-euse*; *-er* becomes *-ère*; *-ien* becomes *-ienne*; *-if* becomes *-ive*; *-s* becomes *-sse* for some adjectives (e.g. *gros/grosse*); *-x* often becomes *-sse* (*faux/fausse*).
>
> **Note**, however, that there are exceptions to this and irregular adjectives should be learnt by heart.

4 Reliez les débuts et les fins de phrases pour faire des phrases complètes.

1	Ici, il y a de beaux	**a**	hôtel.
2	J'habite dans une maison	**b**	salon.
3	Au rez-de-chaussée se trouve un beau	**c**	industrielle qui est peu populaire chez les touristes.
4	Voici une région	**d**	monuments ainsi que des magasins.
5	Il y a une belle	**e**	était très gentille.
6	Ma meilleure copine habite dans un	**f**	vieil appartement.
7	Mon ancienne prof	**g**	délicieux.
8	Elle, elle est	**h**	traditionnelle à la campagne.
9	Ce repas est vraiment	**i**	végétarienne.
10	Je loge dans un bel	**j**	cuisine bien équipée.

5 Complétez les phrases avec la bonne forme de chaque adjectif entre parenthèses.

1 À Paris, il y a de .... (*beau*) monuments, comme

l'Arc de Triomphe.

2 Nous habitons dans une .... (*vieux*) maison

.... (*individuel*).

3 À mon avis, la nourriture .... (*italien*) est moins

.... (*gras*) que la nourriture ....

(*indien*).

4 Vraiment, c'est une .... (*beau*) région.

5 Il faut visiter l' .... (*ancien*) château.

6 Cette pièce est vraiment .... (*affreux*).

7 J'aime beaucoup la cuisine .... (*européen*) ; elle

est très .... (*gouteux*).

8 Ce restaurant sert des plats .... (*international*).

9 Il ne faut pas boire trop de boissons .... (*gazeux*).

10 C'est un .... (*beau*) homme.

Some French adjectives are invariable, i.e. they do not agree with the noun
they are describing, for example:
- certain adjectives of colour, e.g. *cerise, marron, noisette, orange, paille, pêche*
- compound adjectives, e.g. *des murs bleu clair*
- adjectives borrowed from other languages, e.g. *des filles cool*

---

6 Traduisez les phrases suivantes en français.

1 He hates the front room, especially the orange walls!

....

....

2 She has beautiful, long chestnut hair.

....

3 I love my bedroom. It's really cool, with pale blue walls.

....

....

4 There is a pale-green rug in the bathroom.

....

....

5 They are wearing cherry-coloured shoes.

....

B2 Position of adjectives

STUDENT BOOK **61** GRAMMAR SECTION **229**

- In French, most adjectives come after the noun, e.g. *ma chaussure bleue*.
- However, certain common adjectives are placed before the noun: *beau, bon, gentil, gros, haut, jeune, joli, long, mauvais, nouveau, petit, premier, vieux*.
- If you are using two adjectives to describe a noun, put them in their normal position, e.g. *une jolie petite maison*, *une grande maison individuelle*.
- Certain adjectives can be placed either before or after the noun and have a different meaning according to their position, e.g. *ancien, cher, dernier, grand, pauvre, propre, certain*.

1 Soulignez les adjectifs dans les phrases ci-dessous.

1 Personnellement, j'adore la cuisine italienne.

2 Nous habitons dans une belle maison au bord de la mer. Le seul problème, c'est qu'il y a de nombreux touristes en été.

3 Jeanne est ma meilleure copine.

4 Mon frère et moi ne nous entendons pas bien ensemble. C'est un garçon paresseux.

5 C'est un jeune homme gentil.

6 On a logé dans un petit gite charmant et on s'est bien amusés malgré le mauvais temps.

7 La première fois que j'ai rendu visite à la vieille dame, elle m'a donné des bonbons délicieux.

8 Pensez aux différents groupes d'aliments.

2 Réécrivez les phrases en insérant les adjectifs entre parenthèses. Pensez à la position des adjectifs et aux accords.

1 Il y a des coussins sur le lit. (*rouge*)

....

2 Au premier étage se trouvent quatre chambres. (*beau, énorme*)

....

3 Quel homme ! (*beau*)

....

4 On va loger dans un hôtel au bord de la mer. (*grand, moderne*)

....

5 Il y a une plage tout près du gite. (*beau*)

....

6 Elle habite dans une maison aux environs de la ville. (*petit, vieux*)

....

7 Il a mangé un gâteau. (*délicieux*)

....

8 Mes parents veulent bien acheter une voiture. (*nouveau, noir*)

....

9 Je vais porter une jupe à la fête. (*long, bleu clair*)

....

10 Ma copine s'entend bien avec sa sœur. (*meilleur, cadet*)

....

3 Réorganisez les mots pour faire des phrases correctes. Pensez à la position de l'adjectif.

Exemple : L'année dernière, je suis allé en France.

1 allé | je | en | L'année | France | dernière, | suis.

2 copain | a | dernier | le | Mon | smartphone.

....

3 pauvre | de | Mon | a | beaucoup | devoirs | frère.

....

4 ont | les | parce qu'elles | Nous | personnes | besoin | de | aidons | provisions | pauvres.

....

5 mains | les | Tu | as | propres ?

....

6 sa | Elle | chambre | veut | propre.

....

7 prof | strict ; | très | Mon | mon | était | je | nouveau | préfère | prof | ancien.

....

8 vu | l'ancien | château | As-tu ?

. . . .

9 vieille | Ma | montagne | tante | à la | habite | chère.

. . . .

10 chers | achète | des | toujours | Elle | vêtements.

. . . .

B3 Comparisons

To compare two things in French, use:
- *plus...que* to mean 'more...than'
- *moins...que* to mean 'less...than'
- *aussi...que* to mean 'as...as'

Place the *moins/plus/aussi* in front of the adjective being modified and then *que* in front of the noun or pronoun with which the comparison is being made. Remember that the adjective still needs to agree with the noun it is describing.

*Le château est **plus** impressionnant **que** la maison.*

*Les pommes sont **moins** sucrées **que** les bonbons.*

*Elle est **aussi** intelligente **que** son frère.*

1 Complétez les phrases avec *plus*, *moins* ou *aussi*.

1 Faire de l'exercice est . . . . important que manger sain.

2 Le château est . . . . grand que la maison.

3 La journée scolaire française est . . . . longue que la journée scolaire chez moi parce que le déjeuner en France dure plus longtemps.

4 Mes cousins sont . . . . jeunes que mon frère et moi ; ils sont nés 3 ans après nous.

5 C'est vrai que la cuisine anglaise n'est pas . . . . originale que la cuisine d'autres pays.

6 Il est certainement . . . . doué que moi en maths car moi, je suis nulle !

7 À mon avis, vivre en ville est .... agréable que vivre

à la campagne. La ville est trop polluée et il y a trop de monde.

8 Ma meilleure copine est .... douée que moi en

musique. En fait, nous avons toujours les mêmes notes.

2 Complétez les phrases avec un adjectif approprié de l'encadré. N'oubliez
pas de faire les accords nécessaires.

| touristique | grand | ennuyeux | pollué | gouteux |
| sportif | confortable | bon | généreux | travailleur |

1 À mon avis, les petits hôtels sont aussi ....

.... que les grands.

2 Les fruits sont aussi .... pour la

santé que les légumes.

3 Je trouve les plats marocains plus ....

que les plats mexicains.

4 À mon avis, le dessin est ennuyeux mais l'informatique est encore

plus ....

5 Ma ville est beaucoup moins .... que

Paris car il n'y a pas de monuments intéressants.

6 Ma sœur est plus .... que moi et a

donc de très bonnes notes.

7 Ma chambre est moins .... que toutes

les autres. Vraiment, ce n'est pas juste !

8 C'est vrai que mes copines sont plus ....

que moi, mais moi je mange plus sain.

9 Mes grands-parents sont plus .... que

mes parents, qui ne me donnent jamais d'argent de poche.

10 La campagne est moins .... que la ville.

3 Pour chaque phrase, choisissez ou la bonne forme de l'adjectif ou le bon adjectif.

1 Certains aliments sont **meilleurs** | **meilleur** | **meilleures** | **meilleure** pour la santé que d'autres.

2 Il fait plus **mauvais** | **mauvaise** | **mauvaises** temps à Lille qu'à Marseille.

3 Les maths ne sont pas aussi **dur** | **dure** | **dures** | **durs** que les sciences.

4 Les chips sont certainement **pire** | **moins bonnes** | **plus mauvaise** | **meilleurs** pour la santé que les noix.

5 Mon frère est **meilleur** | **meilleurs** | **meilleures** | **meilleure** que moi en anglais, c'est sûr.

6 Les croissants ici sont **pire** | **pires** que les croissants en France.

7 Mes nouveaux profs sont aussi **bonnes** | **bons** | **bon** | **bonne** que mes anciens profs.

8 Le jus de pomme n'est pas aussi **bon** | **bonne** | **bons** | **bonnes** que le jus d'orange, à mon avis.

9 Mes amis sont **pire** | **pires** que moi en dessin.

10 Voici la **meilleur** | **meilleure** | **meilleures** | **meilleurs** solution.

> Some comparative forms are irregular:
> - *bon* ('good') becomes meilleur(e)
>   *Les légumes sont meilleurs pour la santé que les frites.*
> - *mauvais* ('bad') becomes pire or plus mauvais(e).
>   *Cet hôtel est encore pire que l'autre.*
>   *La vie dans certains pays est plus mauvaise que la vie dans d'autres pays.*

B4 Superlatives

> To say 'the most' or 'the least', you use superlative adjectives. To form the superlative, use *le*, *la* or *les* in front of *plus* or *moins* and an adjective.
>
> *Il est **le plus** doué de la classe. C'est la maison **la moins** charmante. Les élèves **les plus** intelligents vont aller à l'université. C'est **la plus** petite robe.*
>
> *Bon* and *mauvais* are irregular in the superlative: *bon = le/la/les meilleur(e)(s)* ; *mauvais = le/la/les pire(s)*. Both go before the noun they are describing.
>
> *Le/La plus mauvais(e)* can be used instead of *pire*.
>
> *C'est la situation la plus mauvaise.*
>
> 'The least' is translated as *le/la moindre*.

1 Complétez les phrases avec les mots de l'encadré.

le moins intéressant	les plus grands	les plus longs	les moins faciles	le plus long
le pire	la plus gentille	la plus haute	la meilleure	le meilleur

1 C'est le fleuve .... du pays.

2 On a .... vue ici. On voit tout.

3 C'est .... de tous ses films.

Je ne l'aime pas du tout.

4 C'est la montagne .... de la région.

5 Je trouve que les maths et les sciences sont les matières

....

6 Le cricket, c'est le sport .... ,

à mon avis.

7 Madeleine a .... cheveux de

toute l'école.

8 Ma sœur et moi, nous choisissons toujours les biscuits

....

9 Quel est .... de tous les livres,

à ton avis ?

10 Isabelle est la fille .... de la classe.

2 Réorganisez les mots pour faire des phrases superlatives correctes.

1 est | française | la | La | avis | cuisine | plus | la | monde, | à | du | cuisine | mon | gouteuse.

....

2 la | de | C'est | la | prof | stricte | moins | l'école.

....

3 ses | moindre | C'est | le | de | problèmes.

....

4 la | À | est | mon | géographie | matière | la | la | moins | avis, | intéressante.

....

5 Elle | la | copines | plus | toutes | mes | de | gentille | est.

....

6 surement | de | restaurant | C'est | meilleur | ville | le | la.

....

7 classe | notes | Ses | sont | pires | les | la | de.

....

8 mauvaises | vie | viens de | passer | Je | les | plus | de | ma | vacances.

....

3 Complétez les phrases avec *le, la, les* et *plus, moins, moindre* ou la bonne forme de *meilleur* ou de *pire*. N'oubliez pas de faire les accords nécessaires.

1 C'est le restaurant .... populaire de la

ville. Il y a toujours du monde.

2 C'est .... de tous ses livres. Je l'adore.

3 Mon frère et moi devons toujours choisir les glaces ....

.... chères. C'est nul !

4 Cette crêperie sert .... crêpes de toute la

Bretagne. Elles sont délicieuses.

5 C'est la ville .... touristique de la région

car elle est plutôt industrielle.

6 C'était .... journée de sa vie. Il a oublié de

faire ses devoirs et a aussi perdu son sac à dos.

7 Sa maison, c'est .... grande de la ville.

Elle est énorme.

8 Les croissants sont parmi .... aliments pour

la santé. Je n'en mange que de temps en temps.

9 C'est peut-être .... bel hôtel de France.

Il est magnifique.

10 — Où vas-tu en vacances cette année ?

— Je n'en ai pas .... idée.

B5 Demonstrative adjectives (*ce, cet, cette, ces*)

The demonstrative adjectives in French, *ce, cet, cette* and *ces*, are the equivalent of the English 'this', 'that', 'these' and 'those'. They agree in gender and number with the nouns they describe.

	Masculine	Feminine
Singular	*ce/cet**	*cette*
Plural	*ces*	*ces*

**In front of a masculine noun beginning with a vowel or a silent *h*, *cet* is used instead of *ce*, e.g. *cet homme*.

....

1 Remplacez chaque article défini souligné par un adjectif démonstratif.

1 J'habite dans <u>la</u> .... région depuis trois ans.

2 <u>Les</u> .... maisons sont typiques de la région.

3 <u>L'</u> .... après-midi, on va aller en ville.

4 <u>L'</u> .... école est la meilleure de la région.

5 Je connais très bien <u>le</u> .... quartier.

6 <u>L'</u> .... appartement est petit mais confortable.

7 <u>Les</u> .... gens sont tous extrêmement gentils.

8 <u>L'</u> .... hôtel est certainement luxueux.

2 Complétez chaque phrase avec le bon adjectif démonstratif.

1 .... étudiant est le plus intelligent de la classe.

2 Tu pars en vacances .... été ?

3 .... rue mène à la mer.

4 J'adore .... village. Il est très beau et vraiment calme.

5 .... aliments sont assez sains.

6 .... appartement est super.

7 .... bâtiment est le plus grand de tous.

8 .... étudiante est plutôt paresseuse.

3 Traduisez les phrases suivantes en français.

Exemple : 1 *C'est cette maison-ci.*

1 It's *this* house.

2 *This* book is very interesting; *that* book is quite boring.

....

....

3 *Those* flats are smaller than *these* flats.

....

....

> To further emphasise 'this/these' and 'that/those' in French, you can place either *-ci* or *-là* after the noun.
>
> *cette rue-ci*
> this street
>
> *cet homme-là*
> that man

Photocopying prohibited

4 I'll take *those* cakes, please.

....

5 Use *these* eggs; they are bigger.

....

....

6 *This* girl is my sister; *that* girl is my cousin.

....

....

7 We want to visit *this* town.

....

8 *Those* monuments are very old.

....

B6 Demonstrative pronouns

STUDENT BOOK	GRAMMAR SECTION
121,149	230

Demonstrative pronouns replace nouns that have already been mentioned. There are several forms of the demonstrative pronoun: *ceci, ce* (c' before a vowel), *cela, ça, celui, celle, ceux* and *celles*.

- *Ce* means 'it', 'that' or 'those'.

  C'est ma matière préférée.

  Ce sont les étudiants les plus intelligents.
- *Ceci* means 'this'.

  Ceci n'est pas ma maison.
- *Ça* is used in various phrases such as *Ça va bien ?* It is less formal than *cela* (that), *Cela est très intéressant.*

Celui, celle, ceux and *celles* are the equivalents of the English 'this one', 'that one', 'those' and 'the ones'. They agree with the noun that they are replacing.

Singular		Plural	
Masculine	**Feminine**	**Masculine**	**Feminine**
celui	*celle*	*ceux*	*celles*

C'est quel restaurant ? Celui qui est au coin de la rue.

C'est ta maison ? Non, c'est celle de mes grands-parents.

1 Soulignez les pronoms démonstratifs. À quoi correspond chaque pronom démonstratif ?

Exemple : 1 J'aime la maison de ma tante mais je préfère <u>celle</u> de mon oncle.
(la maison)

1 J'aime la maison de ma tante mais je préfère celle de mon oncle.

2 Je lis rarement. Je n'aime pas cela.

....

3 Mon collège n'est pas aussi grand que celui de mon cousin.

....

4 Ce sont mes baskets, pas celles de ma sœur !

....

5 Moi, j'adore aller au cinéma mais mes amis ont horreur de ça.

....

6 Ceci est une fourchette. C'est un objet très pratique.

....

7 Mes amis sont tous très sportifs mais ceux de mon frère sont plutôt paresseux à mon avis.

....

8 Je déteste la technologie. C'est nul.

....

2 Complétez les phrases avec un pronom démonstratif.

1 Tu aimes le sport ? Non, j'ai horreur de ....

2 .... n'est pas mon idée ; .... est

.... de mon frère.

3 On se retrouve au café, ... qui se situe en face du

cinéma.

4 .... va bien, merci. Et toi, ... va?

5 À mon avis, mes amis sont plus gentils que .... de

ma sœur.

6 Elle n'est pas encore arrivée. .... m'inquiète.

7 .... sont tes chaussures ou .... de

ta mère ?

8 Malheureusement, ... n'est pas notre piscine,

.... est .... de nos voisins.

9 Ce bus ne va pas au centre-ville. Il faut prendre

.... de midi.

10 .... est la maison de mes rêves.

> In order to be more precise, you can add the endings -*ci* to mean 'this one
> (here)' or -*là* to mean 'that one (there)'.

3 Complétez chaque phrase avec *celui, celle* etc. + -*ci* ou -*là*.

1 Quelle maison est la plus grande, celle-ci ou .... ?

2 Tu prends ce morceau-ci ou .... ?

3 Tous les monuments sont anciens, mais .... est

plus ancien que celui-là.

4 Quels livres prenez-vous ? .... ou

.... ?

5 De quelles filles parles-tu, ... ou

.... ?

6 Ce bus-ci n'est pas le bon ; il faut prendre ....

7 Tu préfères ces lunettes-ci ou bien .... ?

8 Personnellement, je n'aime pas cette boulangerie-là ; j'aime plutôt

.... car les croissants y sont délicieux !

B7 Indefinite adjectives

> - Indefinite adjectives do not refer to anyone, anything or any place in particular.
> - Some indefinite adjectives, such as *quelques* (some, a few), *tel* (such), *même* (same), *pareil* (same), *certain* (certain), *autre* (other) and *tout* (all), have to agree with the noun they are describing.
>   *Certaines de mes copines sont paresseuses.*
> - Indefinite adjectives such as *chaque* (each) and *plusieurs* (several) do not require agreements. *Chaque* is used only in the singular and *plusieurs* is used only in the plural.

1 Soulignez les adjectifs indéfinis et notez s'ils décrivent un nom masculin (*m*) ou féminin (*f*) et singulier (*s*) ou pluriel (*pl*).

1 Il passe toute la journée à surfer sur Internet. ....

2 Quelques copines viennent au cinéma avec moi ce soir. ....

3 À mon école, nous portons tous le même uniforme. ....

4 Il y a surement d'autres solutions. ....

5 Mes amis ont les mêmes idées que moi. ....

6 Nous avons une telle chance d'habiter dans un tel appartement. ....

7 J'aime beaucoup ton cartable. J'en ai un pareil. ....

8 Certaines personnes ne font jamais de sport. ....

2 Choisissez la bonne forme de chaque adjectif indéfini.

1 Prends **quelques | quelque** minutes pour réfléchir.

2 Mes amies sont **tout | tous | toutes | toute** très gentilles.

3 Nous avons une **telle | tel | tels | telles** chance d'habiter au bord de la mer.

4 Les pièces sont **tous | tout | toutes | toute** les **mêmes | même**.

5 **Certaines | Certain | Certaine | Certains** personnes sont déjà ici. Les **autre | autres** vont bientôt arriver.

6 Elle arrive à la **même | mêmes** heure **tout | tous | toutes | toute** les jours.

7 Après un **certain | certains | certaine | certaines** temps, il a commencé à s'ennuyer.

8 Il a un **telle | tels | tel | telles** enthousiasme ! C'est incroyable.

3 Remplissez chaque blanc avec un adjectif indéfini de l'encadré. N'oubliez pas de faire les accords nécessaires.

1 Le prof a donné un livre à .... élève.

2 .... étudiantes sont absentes aujourd'hui.

3 Dans mon village, il y a .... magasins
qui sont très petits.

4 Il oublie .... le temps de faire ses devoirs.

5 Elle raconte toujours les .... histoires.

plusieurs
tout
chaque
mêmes
quelques

4 Complétez chaque phrase avec *plusieurs* ou *chaque*.

1 Nous partons en France .... été.

2 On habite ici depuis .... années.

3 .... famille est différente.

4 .... fois que j'y vais, il pleut.

5 J'ai vu .... films pendant les vacances.

B8 Indefinite pronouns

Indefinite pronouns take the place of an indefinite number of people, animals or things. Common indefinite pronouns include: *chacun(e)* (each), *tout(e)(s)/tous* (all), *autre(s)* (other(s)), *plusieurs* (several), *certain(e)(s)* (certain, some), *quelqu'un* (someone), *quelques-un(e)s* (some, a few), *quelque chose* (something), *beaucoup* (a lot, many), *n'importe qui / n'importe quoi* (no matter who/what), *la plupart* (the majority), *on* (one). They can be used as the subject or the object of the verb.

1 Soulignez les pronoms indéfinis.

1 Quelqu'un frappe à la porte.

2 Mon frère est sûr qu'il a vu quelqu'un dans le jardin.

3 Elles viennent toutes à ma fête. Certaines d'entre elles vont rester la nuit et plusieurs vont m'aider à tout préparer.

4 Beaucoup pensent que Pauline ne va pas aller au festival de musique cette année.

5 J'aime bien ce film mais beaucoup disent qu'il est nul.

6 Il y a trop de touristes ici et quelques-uns jettent leurs déchets par terre.

7 Des carottes ? Oui, il y en a quelques-unes dans le frigo.

8 N'importe qui peut réussir à cet examen.

9 Il raconte n'importe quoi !

10 J'ai quelque chose à vous dire.

2 Reliez les débuts et les fins de phrases.

1	Heureusement, il va	**a**	a plusieurs.
2	N'importe qui	**b**	assez à manger.
3	Il y en	**c**	d'autres ne l'aiment pas.
4	La plupart	**d**	tout organiser.
5	Il y en a beaucoup qui n'ont pas	**e**	beaucoup.
		f	t'aider.
6	On fait	**g**	quelque chose de différent aujourd'hui.
7	Certains aiment ce chanteur ;		
8	Il n'en reste pas	**h**	sont déjà partis.
9	Quelqu'un va	**i**	à quelqu'un.
10	Il faut demander	**j**	peut le faire.

B9 Possessive adjectives (*mon, ma, mes* etc.)

STUDENT BOOK **59,123**   GRAMMAR SECTION **231**

> Possessive adjectives (*mon, ma, mes* (my), *ton, ta, tes* (your), *son, sa, ses* (his/her), *notre, nos* (our), *votre, vos* (your) and *leur, leurs* (their)) show the ownership, or possession. They agree with the noun they are describing.
>
> **mon portable** *(my mobile)*, **sa mère** *(his/her mother)*, **son père** *(his/her father)*
>
> **Note**: in front of a singular feminine noun beginning with a vowel or a silent *h*, *mon, ton* and *son* are used instead of *ma, ta* and *sa*.
>
> *mon amie Sonia*

1 Complétez chaque phrase en choisissant le bon adjectif possessif. Soulignez les adjectifs possessifs féminins et surlignez les adjectifs possessifs masculins.

Exemple : 1 <u>Ma</u> meilleure amie s'appelle Claire et est vraiment gentille. Elle m'aide souvent avec **mes** devoirs.

1 Mon | Ma | Mes meilleure amie s'appelle Claire et est vraiment gentille. Elle m'aide souvent avec **mon | ma | mes** devoirs.

2 Après **mon | ma | mes** dernier cour, je vais au café avec **mon | ma | mes** copains.

3 Elle est extrêmement travailleuse et passe tout **son | sa | ses** temps dans la bibliothèque.

4 Leur | Leurs parents sont vraiment stricts. Cependant, **leur | leurs** grand-mère n'est pas stricte du tout.

5 Ton | Ta | Tes sœur est plus âgée que toi ?

6 Notre | Nos ville est belle, à **votre | vos** avis ?

7 Heureusement, la plupart de **notre | nos** professeurs ne sont pas trop stricts.

8 Leur | Leurs frère est très sportif. **Mon | Ma | Mes** frères sont tous les deux plutôt paresseux.

9 Regarde **son | sa | ses** maison ! C'est la plus grande de la ville.

10 Ouvrez **votre | vos** cahiers, tout le monde !

2 Réécrivez les phrases en utilisant les sujets entre parenthèses et les adjectifs possessifs correspondants. N'oubliez pas qu'il faut conjuguer le verbe aussi.

Exemple : 1 **Tu** aimes **ton** nouvel appartement ?

1 Vous aimez votre nouvel appartement ? (*tu*)

2 Elle n'aime pas son nouveau collège. (*je*)

....

3 Nous aimons toutes nos matières. (*ils*)

....

4 Je trouve que mes amis sont un peu égoïstes parfois. (*elle*)

....

5 Il pense que sa prof de maths est super. (*nous*)

....

6 Je m'entends bien avec mon père. (*elles*)

....

7 Tu joues rarement au tennis avec tes amis. (*vous*)

....

8 Je fête mon anniversaire ce weekend. (*il*)

....

9 Ils vont décrire leurs maisons. (*nous*)

....

10 Je vais en ville avec ma mère. (*vous*)

....

3 Remplissez chaque blanc avec la bonne forme de l'adjectif possessif qui correspond au sujet de la phrase.

Exemple : 1 **Sonia** s'entend très bien avec **ses** sœurs.

1 Sonia s'entend très bien avec .... sœurs.

2 Ce soir, je vais au cinéma avec .... amie Clara.

3 Il n'aime pas .... ville. Il pense qu'elle est trop polluée.

4 Quelle est .... fête préférée ? Tu préfères Noël ou Pâques?

5 Il se dispute constamment avec .... sœur ainée.

6 Nous aimons beaucoup .... jardin car il est très grand.

7 Je fais toujours .... devoirs dans la salle à manger.

8 Les élèves n'aiment pas .... professeur d'histoire.

9 Est-ce que .... parents t'emmènent au cinéma ?

10 Khalid et toi, vous téléphonez souvent à .... amis le soir ?

B10 Possessive pronouns

In French, possessive pronouns take the place of nouns that have already been mentioned and are the equivalents of the English 'mine', 'yours', 'his', 'hers', 'ours' and 'theirs'. Possessive pronouns in French change according to:
- who the owner is, e.g. *le mien*, if 'I'm' the owner, *le tien* if 'you're' the owner
- the gender of the object/person being owned, e.g. *le mien* (m) but *la mienne* (f)
- if the object/person being owned is singular or plural, e.g. *les miens* (m pl), *les miennes* (f pl).

1 Complétez le tableau. Regardez la section de grammaire de votre livre de l'élève si vous en avez besoin.

	Singulier		Pluriel	
	Masculin	**Féminin**	**Masculin**	**Féminin**
Mine	le mien			les miennes
Yours		la tienne	les tiens	
His/Hers	le sien		les siens	
Ours	le nôtre			les nôtres
Yours		la vôtre	les vôtres	
Theirs	le leur		les leurs	

2 Choisissez le bon pronom possessif à chaque fois.

1 C'est vrai que sa maison est beaucoup plus grande que **le mien | la mienne | les miens | les miennes**. **Le tien | La tienne | Les tiens | Les tiennes** est grande ou petite ?

2 Notre village est vraiment tranquille alors que **le sien | la sienne | les siens | les siennes** est un peu plus animé.

3 Mon repas est délicieux. Et le **vôtre | la vôtre | les vôtres**, M. Legrand ?

4 Mes amis viennent ce soir ; **le leur | la leur | les leurs** viennent demain.

5 Leur région est très touristique mais **le nôtre | la nôtre | les nôtres** ne l'est pas.

6 Ses parents ne sont pas aussi stricts que **le mien | la mienne | les miens | les miennes**.

7 Ses notes sont aussi bonnes que **le nôtre | la nôtre | les nôtres**.

8 Cet appartement, c'est **le tien | la tienne | les tiens | les tiennes** ou bien **le leur | la leur | les leurs** ?

3 Réécrivez les phrases suivantes en utilisant *à* et la bonne forme disjointe du pronom.

Exemple : 1 Cette voiture est à moi.

1 Cette voiture est **la mienne**.

2 La maison en face de la boulangerie est **la maison de Charles**.

....

3 Excusez-moi, ces lunettes sont **les vôtres** ?

....

4 La petite chambre est **ma chambre** et la grande chambre est **la chambre de mes sœurs jumelles**.

....

....

5 Ce livre est **le tien** ?

....

6 Hé, les enfants, ce ballon de foot est **le vôtre** ?

....

7 C'est bien **la nôtre**, cette caravane.

....

8 C'est l'appartement de ses grands-parents ? C'est vraiment **le leur** ?

....

> Possession can also be expressed by using *à moi, à toi, à lui, à elle, à soi, à nous, à vous, à eux, à elles.*
>
> *Ce livre est à moi.*
>
> Remember that there is no apostrophe in French.
>
> 'Philippe's mum' is 'the mum of Philippe': *la maman **de** Philippe.*

C Adverbs

C1 Formation of adverbs

GRAMMAR
SECTION
232

> Adverbs can tell you how, when, where or how often something is done. In English, they usually end in -*ly*. In French, they are usually formed by adding -*ment* to the feminine singular form of an adjective, e.g. *doux – douce – doucement*.

1 Complétez le tableau. Regardez la section de grammaire de votre livre de l'élève si vous en avez besoin.

	Adjective (m s)	Adjective (f s)	Adverb
1	lent	lente	lentement
2	exact		
3	soudain		
4	clair		
5	heureux		
6	certain		
7	sérieux		
8	sûr		

> The formation of some adverbs is slightly irregular:
> - Some feminine adjectives change their *e* to *é* and then add -*ment*.
> - Adjectives that already end with a vowel in the masculine add -*ment* to the masculine form.
> - Masculine adjectives ending in -*ant* or -*ent* add -*amment* and -*emment* respectively.

2 Transformez les adjectifs suivants en adverbes.

1 poli ....

2 vrai ....

3 précis ....

4 fréquent ....

5 facile ....

6 énorme ....

7 évident ....

8 bruyant ....

> Some adverbs are very irregular and must be learnt by heart. These include *vite, bien, mal, gentiment, assez, fort* etc.

3 Complétez les phrases en choisissant un adverbe dans la liste.

vite	
assez	
mal	
gentiment	
beaucoup	
bien	

1 Oh là, j'ai .... mangé ; je ne peux même pas bouger.

2 Vraiment, je chante .... Je suis nul !

3 Ma sœur, elle, elle chante .... , par contre.

4 Elle va surement gagner car elle court très ....

5 Tu as .... étudié pour réussir, à ton avis ?

6 Parle-lui .... parce qu'il a peur.

C2 Position of adverbs

In a sentence in the present, future or conditional, the adverb is usually placed after the verb. In sentences in the perfect or pluperfect tense, long adverbs, adverbs of place and some common adverbs of time follow the past participle. However, short common adverbs come before the past participle.

Adverbs can also be placed at the beginning or at the end of a sentence. Where the adverb is placed can subtly change the emphasis of a sentence.

1 Soulignez les adverbes. Ensuite, traduisez les phrases dans votre langue sur une feuille à part.

1 Tout le monde chante fort.

2 Mes petits cousins jouent toujours joyeusement.

3 Elles sont arrivées hier.

4 Je me suis bien amusé.

5 Tranquillement, nous avons regardé le film.

6 Nous aimons énormément le français.

7 Les enfants sont entrés bruyamment.

8 J'ai mal entendu ce qu'il disait.

2 Choisissez les bons adverbes dans la liste pour compléter les phrases.

beaucoup trop
passionnément
mal
régulièrement
couramment
énormément
longuement et patiemment
très bien

1 Mon séjour chez mon correspondant m'a .... plu.

2 Je vais .... au supermarché avec ma mère, ce que je déteste ....

3 On m'a expliqué .... ce que je devais faire.

4 Il parle .... le français et l'italien.

5 Il faisait .... chaud ce jour-là ; on est donc restés

à l'intérieur.

6 J'ai .... dormi cette nuit ; d'habitude, je dors

.... et je suis donc fatigué en me levant.

3 Insérez les adverbes entre parenthèses dans chaque phrase. Ensuite, traduisez les phrases dans votre langue sur une feuille à part. Attention ! il n'y a pas toujours qu'une seule bonne réponse.

Exemple : 1 Quand il était petit, il regardait <u>souvent</u> des dessins animés.
ou <u>Souvent</u>, quand il était petit, il regardait des dessins animés.
ou Quand il était petit, il regardait des dessins animés <u>souvent</u>.

1 Quand il était petit, il regardait des dessins animés. (*souvent*)

....

2 C'est un plat qui est français. (*typiquement*)

....

3 Elle est partie en septembre, mais elle est revenue car il y pleuvait. (*vite, constamment*)

....

4 Nous irons à l'étranger pendant les grandes vacances. (*certainement*)

....

5 Ils détestent habiter à la campagne. (*vraiment*)

....

6 Il a marché vers la maison. (*lentement*)

....

7 Manger des fruits et des légumes est bon pour la santé. (*régulièrement*)

....

8 Ces aliments ne sont pas bons pour la santé. (*forcément*)

....

C3 Comparisons

The comparative of adverbs is formed in the same way as the comparative of adjectives, placing *plus*, *moins* or *aussi* in front of the adverb.

Irregular forms include *bien*, which becomes *mieux* (better), and *beaucoup*, which becomes *plus* (more), *moins* (less) and *autant* (as much).

Adverbs can also be used as superlatives. These are formed in the same way as the superlative of adjectives by using *le plus* and *le moins*:

> *Elle court le plus vite.*
> She runs the fastest.

As with the comparative, irregular forms include the superlative of *bien* (*le mieux*, the best) and of *beaucoup* (*le plus*, the most).

> *Il mange le plus.*
> *Elle chante le mieux.*

1 Remplissez chaque blanc en choisissant un adverbe dans la liste.

mieux	tard	bien
plus	longtemps	facilement
autant	affectueusement	

1 Mon frère mange .... que moi. Il n'arrête pas de manger.

2 Mes copains arrivent toujours plus .... que moi et je dois donc les attendre.

3 Il n'aime pas cette ville. Il en parle beaucoup moins .... que toi.

4 Je connais ce festival aussi .... que toi.

5 Moi, j'aime beaucoup les fêtes Noël et je pense que tu les aimes .... que moi.

6 On se déplace plus .... ici qu'ailleurs.

7 Nous y sommes restés plus .... que prévu.

8 On mange bien là-bas, ... qu'ici.

2 Remplissez chaque blanc avec le comparatif de l'adverbe entre parenthèses.

Exemple : 1 moins fréquemment

1 Ma mère voyage .... que ma tante, qui va

fréquemment à l'étranger. (*fréquemment*)

2 Avant, j'habitais en ville et j'aimais ça ....

qu'habiter à la campagne, qui est trop tranquille à mon avis. (*bien*)

3 Ma sœur sort au ciné .... que moi. Elle adore les

films. (*souvent*)

4 Maintenant, nous faisons .... pour protéger

l'environnement, ce qui est bien. (*beaucoup*)

5 Nous arriverons à l'aéroport .... que vous parce

que nous prenons le même avion. (*tôt*)

6 J'aime .... cette jupe que l'autre, qui est super

jolie. (*beaucoup*)

7 Il vit .... aujourd'hui et est donc en bonne forme.

(*sainement*)

8 Elle attend le weekend .... que d'habitude car elle

va fêter son anniversaire. (*impatiemment*)

3 Faites des phrases comparatives (1-4) et superlatives (5, 6) en utilisant les mots ci-dessous. Il y a plusieurs possibilités à chaque fois.

Exemple : 1 Il court plus / moins / aussi vite que sa sœur.

1 Il court | vite | sa sœur.

....

2 Nous voyons notre tante | fréquemment | avant.

....

3 Il faut parler | doucement | d'habitude.

....

4 Ces étudiants travaillent | dur | les autres.

....

5 C'est Patrice qui sort .... (*beaucoup*)

6 Je suis d'accord que Claire joue .... (*bien*)

C4 Adverbial expressions

STUDENT BOOK **39,41,91,115,183** GRAMMAR SECTION **232**

> Adverbial expressions include expressions of time, sequence and frequency (*après-demain, de temps en temps*), adverbs of place (*là-bas*) and quantifiers (*de moins en moins, tout à fait*).

1 Écrivez chacune des expressions adverbiales ci-dessous sous le bon titre.

quelque part	la plupart	tout à l'heure	une fois par semaine
de plus en plus	avant-hier	tout à fait	
à peu près	là-bas	tous les jours	tout à coup
après-demain	de temps en temps	de moins en moins	n'importe où

Expressions de temps	Expressions de lieu	Expressions de quantité

2 Remplissez chaque blanc en choisissant une expression adverbiale dans la liste.

avant-hier
n'importe où
tous les jours
à peu près
de temps en temps
tout à l'heure
tout à coup
de plus en plus

1 Je ne sais pas où il est. Il pourrait être ....

2 .... , ses parents lui permettent de sortir le soir mais seulement si elle n'a pas de devoirs.

3 Il y aura .... cent personnes à la fête.

4 Ils ont .... de devoirs à faire le weekend.

5 J'irai au supermarché .... Tu veux quelque chose ?

6 .... , il s'est arrêté. « On est arrivé ! » a-t-il dit.

7 Ma correspondante est arrivée .... Hier, elle est venue en classe avec moi.

8 J'adore faire du sport. En fait, j'en fais ....

D Personal pronouns

D1 Subject pronouns

STUDENT BOOK 17,97 GRAMMAR SECTION 233

1 Choisissez le bon pronom personnel à chaque fois.

1 « **Tu | Il | On** es vraiment énervante ! » a-t-elle dit à sa petite sœur.

2 Moi, **il | j' | tu** habite à Aix-en-Provence. C'est génial, sauf en été quand il y a trop de touristes. **Vous | Ils | Elles** sont partout ! **Il | On | Tu** doit attendre plus longtemps dans les cafés, dans les magasins…

3 Mon frère est tellement paresseux. **Il | Elle | On** n'aide jamais à la maison.

4 Mes copains et moi, **ils | vous | nous** allons tous à la fête de Théo ce soir. Ce sera super.

5 « Cette classe, **il | elle | vous** fait trop de bruit ! » s'est plainte la prof.

6 **Je | Tu | Ils** m'entends bien avec mes parents en général. **Nous | Ils | Elles** ne sont pas trop stricts.

7 Mes meilleures copines s'appellent Aisha et Émilie. **Elles | Ils | Nous** sont super gentilles et **nous | on | elles** part en vacances ensemble en été.

8 **Vous | Ils | Nous** désirez, madame ?

2 Remplissez chaque blanc avec *il*, *ils*, *elle* ou *elles*.

1 Tu aimes bien cette ville ? Oui, ……… est vraiment sympa et très animée.

2 Le prochain train ? Ben, je pense qu'……… arrive dans cinq minutes.

3 Votre village se trouve à la montagne ? Non, ……… se situe au bord de la mer.

4 Les restaurants en ville sont bons ? Bof, ……… ne sont pas mal.

5 Et les boulangeries ? ……… sont bonnes ?

6 Quand commencent les grandes vacances ? ……… commencent à la fin du mois de juillet.

7 La fête a lieu en centre-ville ? Oui, ……… a lieu Place du ralliement.

8 Comment sont les rapports entre toi et ta sœur ? ……… sont bons ou mauvais ?

> - Subject pronouns show who is doing the action: *je* (I), *tu* (you), *il* (he, it), *elle* (she, it), *nous* (we), *vous* (you), *ils* (they), *elles* (they).
> - **Note** that there are two words for 'you' in French: *tu* (singular, informal) and *vous* (singular, formal and also plural)
> - *On* is used to mean 'we', 'one', 'they', 'you', 'people' and is followed by the same form of the verb as *il/elle*.
>   *On peut nager dans la mer.* One/We/You/People/They can swim in the sea.

> *Il(s)* and *elle(s)* can also be used to mean 'it'/'they' when referring to masculine/feminine nouns that have already been mentioned.
>   *Où est le stylo ? Il est sur la table.*
>   *Où se trouve ta maison ? Elle est au bord de la mer.*

D2 Direct object pronouns

1 Soulignez chaque pronom complément d'objet direct. Ensuite, traduisez les phrases dans votre langue sur une feuille à part.

   1 Je les vois souvent en ville.

   2 Heureusement, notre prof nous aime bien. Cependant, l'autre classe, il la déteste.

   3 Tout le monde vous admire, monsieur.

   4 Il le quitte à la même heure tous les jours.

   5 Elle m'attend devant la gare.

   6 Elles te regardent. Tu les vois ?

> Direct object pronouns replace a noun that is the object of a verb, i.e. the person or thing that is receiving the action. They are: *me* (me), *te* (you), *le* (him, it), *la* (her, it), *nous* (us), *vous* (you), *les* (them).
>
> *Ces bonbons-là ?*
> *Oui, je **les** aime.*

2 Reliez les débuts et les fins de phrases.

   1 Regarde cette belle jupe !

   2 Vous y arriverez à l'heure ;

   3 Hé, les filles ! La prof a dit qu'elle

   4 Tu as les clés, n'est-ce pas ?

   5 Écoute ! Je vais

   6 Chaque année, elle m'

   7 J'ai beaucoup de livres mais

   8 Mon passeport ? Oui, je

   a je vous assure, Madame.

   b t'attendre devant le café.

   c Tu ne les as pas oubliées ?

   d je n'ai pas le temps de les lire.

   e Je vais l'acheter.

   f l'ai dans mon sac.

   g invite à sa fête d'anniversaire.

   h allait nous aider.

3 Choisissez le bon pronom complément d'objet direct.

   1 Ma sœur ainée **t' | m' | nous** aide souvent avec mes devoirs.

   2 Tu as le Brevet, toi ? Moi, je **l' | t' | m'**ai.

   3 Dis, Martin, ils **vous | te** connaissent bien, ces garçons ?

   4 — Vous en prenez combien, monsieur ?

      — Je **le | en | les** prends tous.

   5 — Tu vois souvent tes cousines, Béa ?

      — Je **les | la | nous** vois une fois par mois, en général.

   6 Nous devons partir car le taxi **m' | nous | les** attend.

   7 Je ne **le | la | me** connais pas du tout, cette fête.

   8 Vous devriez acheter un cadeau car ils vont surement **vous | t' | les** inviter.

D3 Indirect object pronouns

1 Soulignez tous les pronoms compléments d'objet indirect. Ensuite, traduisez les phrases dans votre langue sur une feuille à part.

   1 Le prof leur a donné trop de devoirs.

   2 Je lui parle sur Skype deux fois par semaine.

> An indirect object pronoun expresses 'to' or 'for' a person.
>
> *Je **lui** ai donné le livre.*
>
> *I gave the book **to her**.*
>
> The indirect object pronouns are: *me* (to / for me), *te* (to / for you), *lui* (to / for him/her/it), *nous* (to / for us), *vous* (to / for you), *leur* (to / for them).

3 Il va t'envoyer un e-mail ?

4 Ils nous ont permis d'aller à la fête.

5 On m'a conseillé de faire un bac général.

6 Elle vous a déjà demandé de venir.

2 Choisissez le pronom objet indirect approprié.

   1 Tu as déjà téléphoné à maman ? Sinon, il faut **leur | lui | la** téléphoner ce soir.

   2 Je **leur | vous | lui** ai demandé de venir à dix heures mais elles ne sont toujours pas arrivées.

   3 Notre mère **leur | nous | m'** a interdit d'aller à la fête. Nous allons donc demander à papa.

   4 Mes amis **leur | m' | lui** envoient beaucoup de textos tous les soirs. Je ne réponds pas toujours tout de suite.

   5 Je **vous | lui | te** promets d'aller au cinéma si tu m'aides à faire le ménage.

   6 Vous savez s'ils vont **vous | m' | t'** offrir le poste ? Si oui, quand allez-vous commencer ?

3 Remplissez chaque blanc avec *y* ou *en*.

   1 — Tu as des frères ? — Oui, j'.......... ai deux.

   2 Alors, ils sont partis en Afrique ? Combien de temps vont-ils .... rester ?

   3 On va parler du système scolaire en France. Qu'est-ce que vous .... pensez ?

   4 — Tu te souviens de notre séjour ? — Oui, j'.......... pense souvent.

D4 Position of direct/indirect object pronouns `STUDENT BOOK 91` `GRAMMAR SECTION 234`

1 Choisissez le bon participe passé. Faites attention aux accords.

   1 Charlotte ? Mais oui, je l'ai **rencontré | rencontrée | rencontrés** en ville hier.

   2 Les émissions que nous avons **regardé | regardée | regardées** à la télé étaient géniales.

   3 Je n'ai pas encore lu les livres que j'ai **acheté | achetée | achetés** en ville.

   4 La photo ? C'est moi qui l'ai **pris | prise | prises** l'année dernière en Italie.

   5 Le gite qu'on a **loué | louée | loués** était vraiment petit et peu confortable.

   6 Il est content de tous les cadeaux d'anniversaire qu'il a **reçu | reçues | reçus**.

> There are two other indirect object pronouns:
> - *y* (there) can be used to replace a place, e.g. *Vous allez en France cette année ? Oui, j'y vais cet été.* It can also replace *à* or *dans* + a noun or infinitive.
>
>   *Tu penses à tes vacances ? Oui, j'y pense.*
> - *en* (of it, some, any) is used to replace *de* + a noun.
>
>   *Tu veux du gâteau ? Oui, j'en veux.*

> Both direct and indirect object pronouns are usually placed before the verb: *Il **le** voit. Je l'achèterai.*
>
> In the perfect or pluperfect tenses, direct and indirect object pronouns go before the auxiliary verb, e.g. *Il **m'**a donné le livre.* Remember that past participles must agree with **direct object pronouns**, e.g. *Sandra ? Oui, je l'ai vue.*
>
> In sentences in the near future, the direct or indirect pronoun goes before the infinitive, e.g. *Je vais **y** aller demain. Il va **lui en** parler.*

....

2 Remplissez les blancs avec les pronoms compléments d'objet direct appropriés et faites les accords nécessaires. Attention ! il ne faut pas toujours ajouter *e* ou *s* à la fin des participes passés.

1 Les filles ? Oui, je .... ai vu.......... dans le café.

2 Mes parents .... ont emmené.......... au cinéma, mon frère, ma

soeur et moi.

3 Les chaussures ? Non je ne .... ai pas acheté.......... .

4 On m'a dit que le film était nul alors je ne .... ai pas vu.......... .

5 Ma soeur était chez sa copine donc maman .... a appelé..........

sur son portable.

6 Pourquoi tes parents .... ont-ils empêché.......... (*m*) d'aller à la fête ?

3 Réorganisez les mots pour faire des phrases correctes.

1 a | de | lui | Sa | mère | l'argent | donné.

....

2 va | Elle | m' | ce | appeler | soir.

....

3 nous | le | ont | dans | vues | café | du | Ils | coin.

....

4 d'anniversaire | parents | offrent | Tes | de | toujours | t' | beaux cadeaux.

....

5 souvent | la | Nous | ne | pas | voyons.

....

6 leur | arrivée | pour | que | un | e-mail | enverrai | leur | Je | dire | je | suis.

....

4 Réécrivez les phrases en remplaçant les noms en gras par un pronom direct ou indirect. N'oubliez pas de faire les accords nécessaires.

1 Tu vas mettre **ta robe** ?

....

2 Elle va prêter le livre **à Charlotte** ?

....

3 On visitera **le musée d'art et d'histoire** demain.

....

4 Heureusement, j'ai déjà passé **mes examens**.

....

5 J'ai demandé **à ma tante** si elle aussi voyait **la mer** de sa fenêtre.

....

6 Je n'aime pas **les moules** donc je ne vais pas manger **les moules**.

....

7 Quand est-ce que tu vas fêter **ton anniversaire** ?

....

8 Nos parents ne permettent pas **à mon frère et moi** d'envoyer des textos **à nos amis** après 21 heures.

....

....

D5 Order of object pronouns

If a sentence contains both a direct and an indirect object pronoun, both pronouns go before the verb in the order shown in the table.

me te se nous vous	le la les	lui leur	y	en

*Tu **me les** donnes.* You are giving them to me.

*Il **y en** a beaucoup.* There are many of them.

In affirmative commands, the order of the pronouns is different: pronouns from the first column follow pronouns from the second column (the order of the others stays the same). The pronouns are also joined by hyphens. Note that *me* becomes *moi* and *te* becomes *toi*, but before *y* and *en* they become *m'* and *t'*.

*Donne-**les**-**moi** !* Give them to me.

*Donne-**m'en** !* Give some to me.

In negative commands, the pronouns come before the verb and follow the same order as in the table.

*Ne **me les** donne pas !* Don't give them to me.

*Ne **les lui** donne pas !* Don't give them to him/her.

1 Réorganisez les mots pour faire des phrases correctes. Ensuite, traduisez les phrases dans votre langue sur une feuille à part.

1 la | prêter | Elle va | lui.

....

2 le | Envoie | leur !

....

3 dimanche | le | donnera | Il | me.

....

4 en | fois | nous | à | Elle | chaque | offre.

....

5 le | Nous | rendre | vous | allons | demain.

....

6 lui | pas | les | Ne | prête !

....

7 ai | ne | te | pas | Je | envoyés | les.

....

8 a | Il | en | trois | y.

....

2 Réécrivez les phrases en remplaçant les noms soulignés par un pronom direct ou indirect.

1 J'ai envoyé un e-mail à ma copine.

....

2 Ne prête pas le livre à Myriam !

....

3 Il donne l'adresse à ses parents.

....

4 Nous avons offert le cadeau à nos cousins.

....

5 — Tu peux me passer le sel, s'il te plait ?

— Oui, bien sûr, je peux te passer <u>le sel</u>.

....

....

6 Ils vont surement nous rendre <u>l'argent</u>.

....

7 Elle va raconter <u>l'histoire</u> <u>aux enfants</u>.

....

8 Donne <u>quelques bonbons</u> <u>à ton frère</u> !

....

D6 Disjunctive pronouns

STUDENT BOOK **63,175** GRAMMAR SECTION **234**

1 Remplissez chaque blanc avec la forme disjointe du pronom approprié.

> **Disjunctive (or emphatic) pronouns** are *moi, toi, lui, elle, nous, vous, eux* and *elles*. They can be used:
> - for emphasis: *Mon frère, lui, est très sportif. Nous adorons voyager, nous.*
> - combined with *même*: *Je le ferai moi-même.*
> - after prepositions: *Il est devant elle.*
> - in comparisons: *Il est plus petit que toi.*
> - as a one-word answer: *Qui est là ? Moi.*
> - after *c'est* and *ce sont*: *C'est lui le plus grand.*
> - to show possession: *Ce livre est à moi.*

1 ...., elle veut être ingénieure plus tard.

2 Je l'ai fait ....-même.

3 Excusez-moi, madame ! Ces clés sont à .... ?

4 Elle est beaucoup plus sportive que .... Il n'aime pas le sport.

5 J'ai de bons profs. Sans ...., je raterais mon bac.

6 Ces filles sont très mal organisées. Ce sont toujours .... qui arrivent en retard.

7 « Qui pense arrêter les études pendant un an ? » a demandé le prof.

« .... !» ma copine et moi avons-nous répondu.

8 Et .... ? Qu'est-ce que tu veux faire plus tard ?

2 Réécrivez chaque phrase en ajoutant la forme disjointe du pronom approprié.

Exemple : 1 Ma sœur et moi, <u>nous</u> avons l'intention de faire une année sabbatique.

1 Ma sœur et moi avons l'intention de faire une année sabbatique.

2 Ma mère adore les romans alors que mon père aime plutôt les bandes dessinées.

....

3 Tes copains et toi allez voyager à l'étranger ?

....

4 Ils ne savent pas quoi faire après le lycée.

....

5 Je suis déjà en fac alors que tu es toujours en terminale.

....

6 Quant aux études, elles sont très longues et plutôt difficiles.

....

D7 Relative pronouns

Relative pronouns link a main clause to a subordinate clause. The most commonly used relative pronouns are *qui*, *que*, *dont* and *où*.

- *Qui* ('who' or 'which') can refer to a person or an object and is used when the relative pronoun is the subject of the verb in the subordinate clause.

  Ma sœur, qui s'appelle Isabelle, a 10 ans.

  When referring to a person, *qui* can also be used with prepositions, e.g. *à qui, chez qui, avec qui, pour qui.*

- *Que* also means 'whom' or 'which' and can refer to a person or an object but is always the object of the verb.

  La ville que nous avons visitée était jolie.

- *Dont* ('whose', 'of whom' or 'of which') is used when the verb in the subordinate clause is usually followed by *de.*

  Le magasin dont je parle se trouve en ville.

- *Où* is used to mean 'where'.

  La maison où j'habite est assez grande.

- *Ce qui* and *ce que* are used to mean 'what' when 'what' is not a question.

  Il va faire ce qui est le plus facile. Il va faire ce qu'il veut.

1 Soulignez le pronom relatif dans chaque phrase.

1 Le prof, qui est très gentil, aide beaucoup les élèves.

2 Les gens avec qui elle travaille sont très sympa.

3 Je ne connais pas le livre dont tu parles.

4 Il y a trois métiers qui m'intéressent vraiment.

5 Le travail que vous faites est important.

6 Je ne vais pas faire tout ce que tu me demandes.

7 Ils ont une fille dont ils sont très fiers.

8 C'est le village où il a grandi.

....

2 *Qui, que, dont* ou *où* ? Remplissez chaque blanc avec le bon pronom relatif.

1 C'est qui, la femme .... vient de te parler?

2 Le film .... nous avons vu hier était super.

3 Voici une fête .... je me souviendrai toujours.

4 La matière .... je préfère, c'est les maths.

5 Le groupe .... a joué au festival était nul.

6 Le restaurant .... on a mangé hier se trouve au centre.

7 C'est la fille .... je rêvais.

8 Voilà le marché .... nous avons acheté des souvenirs l'année dernière.

3 Remplissez chaque blanc avec le bon pronom.

1 Voilà la trousse dans .... elle met tous ses crayons.

2 On ira au cinéma près .... se trouve mon café préféré.

3 C'est le prof .... tu as donné tes devoirs.

4 C'est le cahier dans .... j'ai écrit.

5 Ce sont les gens pour .... on a réservé la table.

6 Ce sont les boites dans .... il a mis toutes ses affaires.

7 Ce sont les professeurs .... j'ai beaucoup appris.

8 Elle ressemble à .... de ses sœurs ?

> *Lequel* (m sing), *laquelle* (f sing), *lesquels* (m pl) and *lesquelles* (f pl) are used after a preposition such as *dans* to mean 'which' when referring to inanimate objects.
>
> **Note** that when used with *à*, the pronouns *lequel, laquelle, lesquels* and *lesquelles* become *auquel, à laquelle, auxquels* and *auxquelles*. When used with *de*, they change to *duquel, de laquelle, desquels* and *desquelles*.

E   Asking questions

E1   Referring to people

1 Est-ce que *qui* est le sujet ou l'objet du verbe ? Écrivez 'S' ou 'O'.

1 Qui vient à la fête ce soir ? ....

2 Qui va prendre une année sabbatique ? ....

3 Qui vois-tu d'habitude au centre sportif ? ....

> In French, there are various ways of asking 'who?'. When 'who' is the subject of the verb, use *qui* or *qui est-ce* **qui**.
>
> *Qui / Qui est-ce qui est là ?*
>
> When 'who' is the object of the verb, use *qui* or *qui est-ce* **que**.
>
> *Qui regardes-tu / Qui est-ce que tu regardes ?*

4 Qui aime jouer au foot ? ....

5 Qui est-ce que tu emmènes en ville ? ....

6 Qui veut manger au resto ce soir ? ....

2 Remplissez chaque blanc avec *qui est-ce qui* ou *qui est-ce que/qu'*.

1 .... va voir le film ?

2 .... tu as vu au café ?

3 .... a appelé ?

4 .... nous appelons ?

5 .... va m'aider ?

6 .... il déteste autant ?

E2   Referring to things

STUDENT BOOK **125**   GRAMMAR SECTION **236**

1 Remplissez chaque blanc avec *qu'est-ce qui, qu'est-ce que/qu', que/qu'* ou *quoi*.

1 .... elle mange ?

2 Mais .... regardes-tu, chéri ?

3 Alors, ... manque encore ?

4 .... il faut pour faire ce plat ?

5 À .... pensez-vous ?

6 Je dois la couper ? Mais avec .... ?

> If what you are talking about is the **subject** of the verb, use *qu'est-ce qui*.
>
> *Qu'est-ce qui est le plus grand, la tour Eiffel ou le Empire State Building ?*
>
> If what you are talking about is the **object** of the verb, use *que* and invert the verb and subject, or use *qu'est-ce que/qu'* and no inversion.
>
> *Qu'achètes-tu ?* or *Qu'est-ce que tu achètes ?*
>
> When the verb requires a preposition, use *quoi* with the preposition.
>
> *De quoi parles-tu ?*

2 Écrivez une question pour chaque réponse en utilisant *qu'est-ce qui, qu'est-ce que, que* ou une préposition suivie de *quoi*.

1 D'habitude, je mets un peu de beurre et de confiture sur mes tartines.

....

2 Nous discutons du lycée.

....

3 On va lui donner quelques livres, je pense.

....

4 Je vais mettre un jean et un pull.

....

5 Pour moi, c'est l'argent qui est important.

....

E3   *Quel* and *lequel*

STUDENT BOOK **119,125**   GRAMMAR SECTION **236**

> *Quel* means 'which' and as it is an adjective, it needs to agree with the noun: *quel* (m s), *quelle* (f s), *quels* (m pl) and *quelles* (f pl).
>
>   *Quel sac ? Quels crayons ? Quel homme ? Quelle fille ?*
>
> *Lequel, laquelle, lesquels* and *lesquelles* mean 'which one(s)'.
>
>   — *J'aime cette maison.*
>   — *Laquelle ?*

1 Remplissez chaque blanc avec la bonne forme de *quel*.

1 .... lycée est-ce que tu vas choisir ?

2 .... villes as-tu déjà visitées ?

3 .... robe est-ce que vous allez mettre ?

4 .... bus faut-il prendre ?

5 .... ustensiles doit-on utiliser ?

6 De .... filles s'agit-il ?

7 .... professeur était ton préféré ?

8 Il va arriver à .... heure ?

2 Réécrivez les phrases en remplaçant les mots en gras avec *lequel, laquelle, lesquels* ou *lesquelles*.

1 Vous dites que vous aimez la voiture monsieur. **Quelle voiture** ?

....

2 Je vais prendre un dessert, mais **quel dessert** ?

....

3 Tu as visité beaucoup de pays. **Quel pays** est ton préféré ?

....

4 Il y a beaucoup de problèmes. **Quels problèmes** sont les plus graves ?

....

5 J'ai pris des photos. **Quelles photos** aimes-tu ?

....

6 Tous les élèves sont travailleur, mais **quels élèves** vont poursuivre leurs études ?

....

F Negatives

F1 Position

STUDENT BOOK	GRAMMAR SECTION
39	237

With the present, future, conditional and imperfect tenses, negatives are expressed by putting *ne* in front of the verb and the second part of the negative after it. *Ne* can be used with *pas, jamais, rien, personne, plus, que, guère, aucun(e), nulle part, point* and *ni...ni*.

Je **ne** mange **jamais** de chocolat. Nous **n'**allons **guère** au cinéma.

Reflexive verbs in these tenses follow this pattern when used in the negative.

Je **ne me** couche **pas** tard les jours d'école.

Ne always goes in front of any pronouns.

Elle **ne m'**offre **jamais** de cadeaux à Noël.

To give a negative command, you also place *ne* in front of the verb and the second part of the negative after it.

Ne mange **pas** trop de bonbons !

Note that after a negative, *un*, *une* and *des* are replaced with *de* or *d'*.

Il ne reste pas **d'**assiettes propres.

If two or more negatives are used, *plus* or *jamais* usually come first.

Je ne regarde **plus rien** à la télé. On ne va **jamais nulle part**.

Il n'y a **plus jamais personne**.

Personne, rien and *ni...ni* can sometimes be used as the subject of the verb. Start the sentence with one of these and place *ne* before the verb.

Personne ne vient ce soir. **Rien** ne se passe.

Ni elle **ni** lui ne vient.

Rien, jamais, personne, nulle part, aucun(e) and *ni...ni* can also be used on their own.

Tu es allé au Japon ? Jamais.

Note that *aucun* is an adjective and must always agree with the noun to which it refers.

1 Soulignez toutes les négations. Ensuite, traduisez les phrases dans votre langue sur une feuille à part.

   1 Je suis végétarien, donc je ne mange jamais de viande.

   2 Personne n'était à sa fête.

   3 Il n'aime ni le café ni le thé.

   4 Vraiment, vous n'avez aucune idée ?

   5 Nous ne nous amusons pas ici. C'est ennuyeux.

   6 Qu'est-ce qu'il y aura à faire ? Rien !

   7 Il n'y a plus aucun doute.

   8 Je ne le vois nulle part.

2 Mettez les phrases à la forme négative en vous servant des mots entre parenthèses.

Exemple : 1 Ils ne font rien pour m'aider.

   1 Ils font beaucoup pour m'aider. (*rien*)

     ....

   2 J'aime les pommes et les oranges. (*ni...ni*)

     ....

   3 Il en restait trop. (*guère*)

     ....

   4 Faites beaucoup de bruit. (*aucun*)

     ....

   5 Je me lève de bonne heure pendant les vacances. (*jamais*)

     ....

   6 Je vois toujours beaucoup de monde. (*jamais, personne*)

     ....

   7 Je vais en vacances cet été. (*nulle part*)

     ....

   8 Il y a beaucoup de distractions ici. (*point*)

     ....

3 Mettez les mots dans le bon ordre pour faire des phrases négatives au passé composé.

1 n'ai | appris| Je | collège | au | rien.

....

2 venir | Elle | pas | n'a | voulu.

....

3 que | ne | euros | donné | Tu | m'as | 10.

....

4 n'y | allée | Je | jamais | suis.

....

5 n'est | il | Personne | et | tard | arrivé | est.

....

6 ils | pas | Malheureusement, | eu | n'ont | le | bac.

....

7 n'a | cadeau | Elle | aucun | reçu.

....

8 ménage | fait | nos | le | n'avons | ni | Nous | devoirs | ni.

....

4 Mettez les phrases au passé composé.

1 Elle ne reçoit jamais de cadeaux.

....

2 Mes amis et moi ne prenons pas d'année sabbatique.

....

3 Ils ne fêtent pas la Saint-Valentin.

....

4 Elle ne parle guère.

....

> With the perfect and pluperfect tenses, *ne* usually goes before the auxiliary verb *avoir* or *être* and *pas*, *jamais* etc. goes right after it.
>
> *Je **n'ai jamais** joué au basket.*
>
> **Note**, however, that with *ne...personne, ne...que, ne...aucun(e), ne...nulle part* and *ne...ni...ni*, *ne* is placed in front of the auxiliary verb and *personne, que* etc. is placed after the past participle.
>
> *Je **n'ai** vu **personne**.*
>
> Reflexive verbs in these tenses follow this pattern when used in the negative.
>
> *Je **ne** me suis **pas** couché tard.*

....

5 Personne n'aime sa musique.

....

6 Il ne s'en rend pas compte.

....

7 Je n'aime point ce film.

....

8 Elle ne le voit que deux fois par an.

....

5 Mettez les phrases à la forme négative. Servez-vous des négations *ne...
pas, ne...plus, ne...jamais* etc.

1 Nous allons partir bientôt.

....

2 Vous allez porter ça ?

....

3 On va prendre beaucoup de temps.

....

4 Elle va y aller.

....

> With the immediate future, *ne* is placed in front of the form of *aller* and *pas* is placed after it.
>
> Je **ne** vais **pas** parler à mon frère.

G Time and dates

G1 Time

STUDENT BOOK **21**   GRAMMAR SECTION **237**

> There are different ways of telling the time in French, including using the 24-hour clock.
>
> Examples using the 12-hour clock:
>
> *Il est une heure.*
> It is one o'clock.
>
> *Il est deux / trois / quatre / cinq / six / sept / huit / neuf / dix / onze heures.*
> It is two... o'clock.

> *Il est midi / minuit.*
> It is midday / midnight.
>
> *Il est deux heures cinq / dix / et quart / et demie.*
> It is five / ten / quarter / half past two.
>
> *Il est deux heures moins dix / le quart.*
> It is ten / quarter to two.
>
> *Il est deux heures trente-cinq / quarante*
> It is 2:35 / 2:40.
>
> Examples using the 24-hour clock:
>
> *Quatorze heures trente. 14:30*
>
> *Dix-huit heures vingt. 18:20*
>
> *Vingt-deux heures quinze. 22:15*

1 Écrivez les heures en toutes lettres en utilisant le format **12 heures**.

Exemple : 1 Le train arrive à onze heures et demie.

1 Le train arrive à 11 h 30.

2 Il faut être rentré avant 21 h 45.

....

3 La fête commence à 19 h 15.

....

4 D'habitude, on mange vers 12 h 00.

....

5 Pendant la semaine, je me lève à 6 h 20, mais le weekend, je me lève à 8 h 35.

....

6 La messe commence à 00 h 00.

....

2 Écrivez les heures en toutes lettres en utilisant le format **24 heures**.

Exemple : 1 Elle va arriver à quatorze heures.

1 Elle va arriver à deux heures de l'après-midi.

2 La récréation, c'est à onze heures moins le quart.

....

3 Il est rentré tard, vers onze heures et demie du soir.

....

4 J'ai maths à une heure et quart.

....

5 Tu viens ce soir ? Le film commence à sept heures et demie.

....

6 On prend le petit déjeuner vers huit heures moins vingt.

....

G2 Dates

STUDENT BOOK 83,185 GRAMMAR SECTION 238

> To say a date in French use *le* + the number + the month, e.g. *le 2 mars* or *le deux mars*. The only exception to this is 'the first' when you use *le premier*, e.g. *le 1ᵉʳ janvier* or *le premier janvier*.
>
> **Note** that *le* does not contract to *l'* even before numbers beginning with a vowel: *le onze mars*.
>
> To say that something takes/took place in a certain month or year you use the following:
>
> *Mon anniversaire est **au** mois de mars.*
>
> *Il est né **en** 1977 (mille-neuf-cent-soixante-dix-sept).*
>
> **Note** that you can also say *en* + a month:
>
> *Ils partent en vacances **en** aout.*

1 Écrivez les dates en toutes lettres.

Exemple : 1 le dix mars

1 10/03

2 25/11 ....

3 03/08 ....

4 27/01 ....

5 01/06 ....

6 06/12 ....

7 20/03 ....

8 02/07 ....

2 Reliez les débuts et les fins de phrases.

1 Elle est arrivée le mardi   **a** mois de février.

2 La Seconde Guerre mondiale a fini   **b** 1975.

3 Moi, je suis née au   **c** 29 juin.

4 Mon père est né en   **d** novembre.

5 C'était le treize   **e** en septembre.

6 En France, la rentrée scolaire a lieu   **f** en 1945.

H Conjunctions

STUDENT BOOK 113 GRAMMAR SECTION 238

1 Soulignez les conjonctions. Ensuite, traduisez les phrases dans votre langue sur une feuille à part.

> A conjunction is a word used to link two sentences or to join two parts of a sentence.
>
> *J'aime l'histoire* **mais** *je préfère le français.*
>
> *Il faut recycler* **parce que** *c'est important pour l'environnement.*
>
> *Qui* and *que* can also be used as conjunctions:
>
> *Je sais* **que** *vous allez être en retard.*
>
> *Je ne sais pas* **qui** *habite dans cette maison.*

  1 Virginie a choisi un lycée général mais son frère a choisi un lycée professionnel.

  2 J'ai fini mes devoirs pendant que tu étais en ville.

  3 Ils ne travaillent pas très dur donc ils vont surement redoubler.

  4 Elle va s'inscrire à la fac ou bien en prépa pour une grande école.

  5 Tu le connais, cependant, moi, je ne le connais pas.

  6 C'est le weekend et il fait beau, alors nous allons à la plage.

  7 On est allés au cinéma parce que la patinoire était fermée.

  8 Ils vont souvent au parc quand il fait beau.

2 Reliez les débuts et les fins de phrases.

  1 Il est arrivé tard au cinéma,

  2 J'adore Noël

  3 Je ne sais pas encore

  4 D'abord, on va à la librairie,

  6 Je pense

  7 Nous allons à la plage pour jouer au basket,

  8 J'achète toujours du fromage

  a qui a été choisi.

  b ensuite on va à la pharmacie.

  c mais je déteste le Nouvel an.

  d donc, nous allons bien nous amuser.

  5 Moi, j'adore les maths

  e que nous irons au ciné ce soir.

  f par conséquent il n'y avait plus de places.

  g quand je vais au marché.

  h alors que mon frère, lui, aime l'histoire.

3 Remplissez chaque blanc en choisissant une conjonction dans la liste.

donc	car	quand	sinon
c'est-à-dire	par contre	ou	puis

  1 Il se sent toujours triste .... son meilleur copain part.

  2 Elle ne sait pas si elle veut être vétérinaire .... dentiste plus tard.

3 Cette ville est horrible, ... sale et trop polluée.

4 Les produits locaux coutent plus chers parfois, ...

ils sont bons.

5 J'adore rendre visite à mon oncle .... il a une

grande maison avec une petite piscine dans le jardin.

6 Je prépare à manger .... je dois faire le ménage.

7 Mon frère veut pratiquer son espagnol .... il part

en Espagne cet été.

8 Il faut travailler au collège .... vous n'allez pas

avoir le Brevet.

4 Reliez les paires de phrases en ajoutant une des conjonctions des exercices ci-dessus.

Exemple : 1 Nous fêtons toujours Noël chez nous alors que nos voisins partent toujours à l'étranger.

1 Nous fêtons toujours Noël chez nous. Nos voisins partent toujours à l'étranger.

....

....

2 Pendant les vacances, je me lève vers 10 heures. Je prends tranquillement mon petit déjeuner.

....

....

3 Karine va au café. Sa sœur fait le ménage.

....

4 J'aime bien les langues. Je vais étudier le français à l'université.

....

5 Il déteste son appartement. Il est trop petit.

....

6 Nous devons partir. Nous allons être en retard.

....

I Numbers

I1 Cardinal numbers

STUDENT BOOK 119,127 | GRAMMAR SECTION 239

1 Remplissez chaque blanc avec le bon nombre cardinal.

1 Chez nous, il y a .... pièces : un salon, une cuisine, une salle à manger, deux salles de bains et trois chambres.

2 En France, on rentre en sixième à l'âge de .... ans.

3 Elle a déjà .... ans et fêtera ses cent ans en novembre.

4 Il y a .... élèves dans ma classe. Il y en avait vingt-deux mais Maëlle est partie habiter ailleurs.

5 Si vous gagnez au moins .... d'euros, vous serez millionnaire.

6 Dans ma famille, nous sommes .... : mes parents, mes frères jumeaux et moi.

7 Normalement, on va au lycée à l'âge de .... ans en France.

8 Ma mère est née en .... Elle a un an de plus que mon père, qui est né en mille-neuf-cent-soixante-seize.

> Cardinal numbers are used to give the number of things, living creatures, places or ideas in question, e.g. *un, deux, trois, cent, mille, un million…*

I2 Fractions

GRAMMAR SECTION 239

1 Écrivez ces fractions en chiffres.

1 sept neuvièmes ....

2 cinq sixièmes ....

3 quatre septièmes ....

4 un dixième ....

5 onze douzièmes ....

6 trois centièmes ....

2 Écrivez ces fractions en toutes lettres.

1 3/10 ....

2 1/6 ....

> In French fractions are expressed in the following way:
>
> ½ – un demi
>
> ⅓ – un tiers
> ⅔ – deux tiers
>
> ¼ – un quart
> ¾ – trois quarts
>
> ⅛ – un huitième
> ⅜ – trois huitièmes
> ⅝ – cinq huitièmes
> ⅞ – sept huitièmes
>
> etc.

3 2/5 ....

4 3/7 ....

5 8/12 ....

6 20/30 ....

I3 Ordinal numbers

<table>
<tr><td>STUDENT BOOK
170</td><td>GRAMMAR SECTION
239</td></tr>
</table>

> Ordinal numbers give the place in numerical order: first, second, third etc. They are usually formed by adding *-ième* to the cardinal number, e.g. *deux + ième = deuxième*.
>
> When a cardinal number ends in *-e*, the e is dropped when forming the cardinal number, e.g. *onze = onzième*.
>
> Exceptions to these rules: *premier/première* (first), *cinquième* (fifth) and *neuvième* (ninth).
>
> **Note** that 'second' can be either *deuxième* or *second(e)*.

1 Remplissez tous les blancs.

Nombre cardinal	Nombre ordinal	Nombre cardinal	Nombre ordinal
un		onze	
deux		douze	
	troisième	treize	
quatre		quatorze	
cinq		quinze	
	sixième	seize	
sept		dix-sept	
huit			dix-huitième
neuf		dix-neuf	
dix		vingt	

2 Complétez chaque phrase avec le nombre ordinal entre parenthèses écrit en toutes lettres.

1 Il finit toujours en .... place. (2e)

2 C'est la .... fois qu'il prend l'avion. (1re)

3 Ma sœur rentre en .... (4e)

4 Notre entreprise fête son .... anniversaire. (18e)

J Prepositions

1 Soulignez les prépositions. Ensuite, traduisez les phrases dans votre langue sur une feuille à part.

   1 Le chef de ma mère vient de Nantes.

   2 Ma ville se trouve à 20 kilomètres de Lyon.

   3 Votre nouvel ordinateur est sur le bureau.

   4 Selon mes copains, ce groupe est génial.

   5 Attends-moi devant le café.

   6 Il fait du bénévolat depuis 1 an.

   7 Ils ont commencé sans moi.

   8 J'habite dans une maison individuelle avec mes parents et ma sœur.

2 Reliez les débuts et les fins de phrases.

1 Je vais toujours en ville en	**a**	l'étage.
2 J'aime faire du ski	**b**	du sud de la France.
3 Ma chambre est à	**c**	sous mon lit.
4 Il vient	**d**	vers minuit.
5 Elle se dispute souvent	**e**	bus.
6 Je n'ai pas d'étagères donc mes livres sont	**f**	chez moi.
7 On va arriver tard,	**g**	avec sa belle-mère.
8 Il habite près de	**h**	en hiver.

3 Remplissez chaque blanc avec une préposition la liste.

devant	de	avec	à	chez
à	pour	sans	des	jusqu'à
contre	pendant	au		

   1 On va se retrouver .... l'église ....

   13 h 00.

   2 J'ai un petit boulot et je vais travailler .... 9 h 00

   .... 17 h 00 chaque jour .... les

   vacances.

   3 Il est parti en Inde .... son frère et ils vont rester

   là-bas .... la fin des grandes vacances.

Prepositions are used to establish the relationship between two nouns, between a noun and a verb, or between different parts of a sentence. Some prepositions tell you the position of something, e.g. *sur* and *dans*. Others tell you when something happens, e.g. *avant* and *après*. Others include: *à, de, avec, chez, contre, derrière, devant, entre, parmi, pour, sans, sous* etc.

Remember that *à* and *de* change when followed by the definite article:
* *à + le = au*
  à + la = à la
  à + l' = à l'
  à + les = aux
* *de + le = du*
  de + la = de la
  de + l' = de l'
  de + les = des

The preposition *en* is used with feminine countries, e.g. *en France*; most means of transport, e.g. *en bus* (but *à pied, à vélo, à moto*); months and years, e.g. *en mars, en 1980*; materials, e.g. *en soie* etc.

4 Il a quitté la maison .... même dire au revoir.

5 Il va .... Canada .... voir sa famille.

6 C'est une spécialité qui vient .... États-Unis.

7 Elle doit rentrer .... elle avant 22 h 00.

8 Moi, je veux être actrice plus tard, mais mes parents sont .... cette idée.

K   Verbs

K1   Present tense

STUDENT BOOK **12**   GRAMMAR SECTION **240**

1 Soulignez tous les verbes au présent.

   1 J'envoie un e-mail à mon cousin au Canada.

   2 On dine à dix-neuf heures chaque soir.

   3 Il joue régulièrement au foot mais ses amis préfèrent jouer au rugby.

   4 Partez-vous en vacances cette année ?

   5 Ici, on parle le français et l'anglais.

   6 Nous prenons le bus pour aller au collège mais eux, ils y vont en voiture.

   7 Le soir, je surfe sur Internet ou bien je tchatte avec mes copains.

   8 Ils rendent visite à leurs grands-parents et ne peuvent donc pas venir.

2 Traduisez les phrases de l'exercice 1 dans votre langue sur une feuille à part.

> In French, the present tense describes an action that is taking place or that takes place regularly, e.g. *je mange* – I am eating, I eat, I do eat.
>
> Present tense endings vary depending on whether the infinitive of the verb ends in *-er*, *-ir* or *-re* and on whether it is regular or irregular.

K2   Present tense: regular verbs

STUDENT BOOK **17,65,71**   GRAMMAR SECTION **240**

> The present tense of regular verbs is formed by removing *-er*, *-ir* and *-re* from the infinitive and adding the appropriate endings for *je*, *tu*, *il/elle/on*, *nous*, *vous* and *ils/elles*:
>
> **-er**: *-e, -es, -e, -ons, -ez, -ent*
>
> **-ir**: *-is, -is, -it, -issons, -issez, -issent*
>
> **-re**: *-s, -s, -, -ons, -ez, -ent*
>
> Some verbs are slightly irregular:
> - Verbs ending in *-cer* change the *c* to *ç* where the *c* is followed by *a* or *o* to make the pronunciation soft, e.g. *je commence* but nous *commençons*.

Cambridge IGCSE™ French Grammar Workbook (Second edition)

- Verbs ending in -ger add an e before -ons in the nous form to make the pronunciation soft, e.g. *nous mangeons*.
- Most verbs ending in -eler double the l in the *je, tu, il/elle/on* and *ils/elles* forms, e.g. *je m'appelle*.
- Some, such as *espérer*, *répéter* and *préférer* change the acute accent on the infinitive to a grave accent in the *je, tu, il/elle/on* and *ils/elles* forms, e.g. *tu espères*.
- Verbs ending in -yer change y to i in the *je, tu, il/elle/on* and *ils/elles* forms, e.g. *elles paient*.
- Some -er verbs, e.g. *acheter*, *lever*, *peser* and *se promener*, add an accent in the *je, tu, il/elle/on* and *ils/elles* forms, e.g. *on achète*.
- Finally, some -ir verbs use -er verbs endings in the present tense, e.g. *j'offre*.

1 Conjuguez ces verbes au présent.

trouver		
je *trouve*	nous	
tu	vous	
il/elle/on	ils/elles	

choisir		
je	nous	
tu	vous	
il/elle/on	ils/elles	

vendre		
je	nous	
tu	vous	
il/elle/on	ils/elles	

finir		
je	nous	
tu	vous	
il/elle/on	ils/elles	

nager		
je	nous	
tu	vous	
il/elle/on	ils/elles	

préférer	
je	nous ....
tu	vous ....
il/elle/on	ils/elles ....

2 Réécrivez chaque verbe entre parenthèses au présent.

1 Tu (*jouer*) plutôt au foot ou au rugby ?

....

2 Ma sœur et moi, nous (*partager*) une chambre.

....

3 Ils (*regarder*) la télé au lieu de faire leurs devoirs.

....

4 J'(*aider*) souvent mes parents.

....

5 Vous (*préparer*) quoi, ce soir ?

....

6 On (*habiter*) dans une grande maison dans le nord de la France.

....

7 Ma mère se (*maquiller*) dans la salle de bains.

....

8 Ils (*mener*) une vie saine.

....

3 Remplissez chaque blanc en choisissant le bon verbe dans la liste et en le mettant à la forme correcte.

1 Je .... sur Internet pendant quatre heures tous les soirs.

2 Selon mes parents, mon frère et moi .... trop de temps devant un écran.

> adorer
> choisir
> finir
> passer
> commencer
> détester
> surfer
> arriver
> trouver
> répondre

3 Quand elle va au supermarché avec notre mère, ma sœur

.... toujours les produits les plus chers.

4 Louise .... toujours en retard.

5 En France, les cours .... souvent plus tôt le

mercredi.

6 En classe, c'est toujours Marc qui .... le premier

parce qu'il est très intelligent.

7 J'............................. les langues mais je .... les

sciences, que je .... trop difficiles.

8 Heureusement, les vacances .... demain.

K3 Present tense: irregular verbs

STUDENT BOOK **17,27,41** · GRAMMAR SECTION **241**

1 Conjuguez ces verbes au présent.

prendre		
je *prends*	nous	
tu	vous	
il/elle/on	ils/elles	

voir		
je	nous	
tu	vous	
il/elle/on	ils/elles	

savoir		
je	nous	
tu	vous	
il/elle/on	ils/elles	

écrire		
je	nous	
tu	vous	
il/elle/on	ils/elles	

Some French verbs are irregular and need to be learnt. You can find a list of these in the verb tables in your Student Book. The four most commonly used are *aller*, *avoir*, *être* and *faire*. Other irregular verbs include:

boire	*mettre*
conduire	*partir*
courir	*pouvoir*
croire	*prendre*
connaitre	*savoir*
devoir	*sortir*
dire	*venir*
dormir	*voir*
écrire	*vouloir*

partir		
je	nous	
tu	vous	
il/elle/on	ils/elles	

connaitre		
je	nous	
tu	vous	
il/elle/on	ils/elles	

2 Complétez chaque phrase avec la bonne forme du verbe *avoir*, *être*, *aller* ou *faire*.

1 Ma meilleure copine et moi .... toutes les deux

16 ans.

2 Mon frère .... vraiment paresseux ; il ne

.... rien pour aider nos parents.

3 Alors, nous .... en ville ou au cinéma ?

4 Vous .... très sportif, donc ; vous

.... du sport tous les jours.

5 Quand il .... beau, je .... souvent

à la plage.

6 Nous .... tous du sud de la France. Vous venez

d'où ?

7 Ils .... contents parce qu'ils n'.............................

pas trop de devoirs.

8 Tu .... à la boulangerie pour acheter la baguette

ou au supermarché ?

3 Remplissez chaque blanc en mettant les verbes entre parenthèses au présent.

1 Nous .... toujours un bon petit déjeuner. *(prendre)*

2 Qu'est-ce que tu .... ? *(boire)*

3 Ils ne .... pas nager et ne ....

donc pas à la piscine avec nous. (*savoir, venir*)

4 Est-ce que tu .... les Armand ? Moi, je les

.... bien. (*connaitre, connaitre*)

5 Beaucoup de mes amis .... être en meilleur forme.

(*vouloir*)

6 Il ne .... pas sortir car il .... trop

de devoirs. (*pouvoir, avoir*)

7 Combien d'heures ....-tu par nuit ? (*dormir*)

8 ....-moi ce qui passe ici, les garçons ! (*dire*)

STUDENT BOOK **75** | GRAMMAR SECTION **241**

K4 Expressing the future

1 Ces phrases sont-elles au futur ou au futur proche ? Écrivez 'F' ou 'FP' à chaque fois.

1 Je vais surfer sur Internet. ....

2 Il regardera surement *N'oubliez pas les paroles* ce soir. ....

3 Allez-vous prendre des vacances cette année ? ....

4 Ce soir, elle va venir nous voir ....

5 Ce sera vraiment amusant. ....

6 Comment fêteront-ils Noël ? ....

7 Tu vas arriver vers quelle heure ? ....

8 S'il fait beau, on ira à la plage demain. ....

> In French, as in English, there are two ways of expressing the future.
> - Using the future tense to talk about events that 'will happen' or 'will be happening'.
>   *Je partirai en vacances en été.*
> - Using the near or immediate future, i.e. *aller +* infinitive.
>   *Je vais passer le Brevet cette année.*

K5 Future tense

STUDENT BOOK **75,93,141,185** | GRAMMAR SECTION **241**

> The future tense is easy to form in French:
> - With regular *-er* and *-ir* verbs, the following endings are added to the infinitive of the verb: *je jouerai, tu joueras, il/elle/on jouera, nous jouerons, vous jouerez, ils/elles joueront, je finirai*…
> - With *-re* verbs, the endings are the same, but the final *e* of the infinitive must be dropped: *je vendrai, tu vendras, il/elle/on vendra, nous vendrons, vous vendrez, ils/elles vendront.*

1 Réécrivez les phrases suivantes au futur.

   1 Ce soir, ma famille et moi mangeons au restaurant en ville.

   ....

   2 On part vers 19 h 00.

   ....

   3 Vous cherchez un petit boulot ?

   ....

   4 Tu aides tes parents à la maison ?

   ....

   5 Ta sœur travaille à l'étranger ?

   ....

   6 Ils jouent au foot dans le parc.

   ....

   7 Nous attendons nos amis devant le cinéma.

   ....

   8 Elle choisit son lycée.

   ....

2 Remplissez chaque blanc avec la forme correcte d'un verbe de la liste pour faire des phrases au futur.

mettre	finir
oublier	jouer
réserver	rendre
partir	arriver

   1 Nous .... des billets pour le concert.

   2 À quelle heure .... les invités ?

   3 J'espère qu'on n'............................. pas son anniversaire.

   4 S'il ne travaille pas un peu plus, il .... par redoubler.

   5 Vous .... visite à ta tante pendant que vous serez en Belgique ?

   6 L'année prochaine, ma famille et moi .... en Inde.

   7 S'il fait beau ils .... certainement au volley sur la plage.

   8 On se .... en route pour la mer cet après-midi.

3 Mettez les verbes suivants à la forme correcte du futur.

Exemple : 1 j'aurai

1 avoir (*je*) ....

2 faire (*vous*) ....

3 voir (*tu*) ....

4 être (*elles*) ....

5 venir (*on*) ....

6 acheter (*nous*) ....

7 savoir (*il*) ....

8 pouvoir (*je*) ....

9 aller (*ils*) ....

10 envoyer (*elle*) ....

11 devoir (*tu*) ....

12 vouloir (*nous*) ....

> The future endings of irregular verbs are the same as for regular verbs but these irregular verbs do not use the infinitive. Instead they have an irregular stem. These can be found in verb tables and need to be learnt by heart. Examples include: *Aller – j'irai, tu iras,...*
> *Avoir – j'aurai,...*
> *Être – je serai,...*
> *Faire – je ferai,...*

4 Remplissez chaque blanc avec la forme correcte du verbe entre parenthèses pour faire des phrases au futur.

1 Le concert .... lieu dimanche à 21 h 00. (*avoir*)

2 Je ne sais pas si je .... venir. On ....
(*pouvoir, voir*)

3 Ils .... acheter des billets. C'est sûr et certain.
(*vouloir*)

4 Vous .... donc un e-mail à Mme Armand ? (*envoyer*)

5 Tu .... en vacances la semaine prochaine. (*être*)

6 Nous .... le ménage plus tard. (*faire*)

7 Elle .... bientôt ce qu'elle va faire demain. (*savoir*)

8 Ma famille et moi .... au Canada en décembre.
(*aller*)

> When adverbs such as *quand*, *dès que* and *aussitôt que* have a future sense, they are followed by the future tense. This differs from English, where the present tense is used.
>
> *On mangera quand il arrivera.*
> We will eat when he **arrives**.
>
> If, however, these adverbs do not have a future sense, e.g. when *quand* is being used to mean 'whenever', the future tense does not need to be used. As in English, the present tense is used.
>
> *Quand nous allons au cinéma, nous achetons toujours du popcorn.*
> When we go to the cinema, we always buy popcorn.

5 Complétez chaque phrase en choisissant la bonne forme du verbe : le futur ou le présent.

1 Dès que je **sais | saurai**, je vous ferai savoir.

2 Quand il **fait | fera** beau, nous allons toujours à la plage.

3 Lorsqu'elle **a | aura** tous les détails, elle **décide | décidera**.

4 Quand je **suis | serai** à Bruxelles, je visiterai certainement le Centre belge de la bande dessinée.

5 Quand mon frère et moi **rendons | rendrons** visite à notre grand-mère, elle nous offre des bonbons.

6 Dès que j'**arrive | arriverai** là-bas, je vous enverrai un SMS.

K6 Immediate future

STUDENT BOOK **73** GRAMMAR SECTION **242**

The immediate future describes actions that are more imminent.

To form the immediate future, use the present tense of *aller* and the infinitive of the verb.

  Je vais aller en ville cet après-midi.

1 Sur une feuille à part, réécrivez les phrases de l'exercice 1 de la section K5 au futur proche.

K7 Imperfect tense

STUDENT BOOK **99,173,193** GRAMMAR SECTION **242**

The imperfect tense is used when describing:
1 events and people in the past, e.g. *Quand j'étais plus jeune…*
2 something that used to happen, e.g. *Quand il était petit, il adorait jouer dehors.*
3 something that happened on a regular basis, e.g. *Chaque matin, on se promenait sur la plage.*
4 an action in the past that was interrupted, e.g. *Nous regardions le film quand quelqu'un a sonné à la porte.*

je	-ais	nous	-ions
tu	-ais	vous	-iez
il/elle/on	-ait	ils/elles	-aient

To form the imperfect tense, use the *nous* form of the verb in the present, remove the *-ons* and add the imperfect endings above.

The only verb with a notably irregular imperfect tense is *être*, which must be learnt: *j'étais, tu étais, il/elle/on était, nous étions, vous étiez, ils/elles étaient.*

1 Soulignez tous les verbes à l'imparfait. Ensuite, donnez la raison (1, 2, 3 ou 4) pour laquelle l'imparfait a été utilisé, comme dans l'encadré ci-dessus.

1 Avant, ma mère adorait aller aux festivals de musique. ....

2 Je travaillais dans ma chambre quand je l'ai vu par la fenêtre. ....

3 Chaque soir, nous allions au petit bistrot. ....

4 En hiver, il faisait froid et nous ne voulions pas quitter la maison.

....

5 Vous jouiez au foot ou au rugby quand vous étiez plus jeune ?

....

6 Quand ils habitaient en Belgique, ils mangeaient souvent des

moules. ....

Cambridge IGCSE™ French Grammar Workbook (Second edition)

7 Elle était perdue. Il faisait noir et il pleuvait. Elle ne voyait rien

et commençait à avoir peur. ....

8 Je préparais le diner quand le téléphone a sonné. ....

2 Reliez les débuts et fins de phrases.

1	Ma mère	**a**	jouais toujours au foot quand j'avais dix ans.
2	Mes grands-parents	**b**	faisait très chaud ce soir-là.
3	Je	**c**	regardions la télé quand il est arrivé.
4	Il	**d**	habitait à Paris quand elle était plus jeune.
5	Nous	**e**	étiez en ville hier.
6	Vous	**f**	allais souvent à la plage ?
7	Tu	**g**	allaient toujours à l'école à pied.

3 Remplissez chaque blanc avec la forme correcte de l'imparfait du verbe entre parenthèses.

1 Autrefois, mon frère et moi nous ....

constamment. (*disputer*)

2 Pendant les vacances, nous .... souvent le petit

déjeuner sur la terrasse. (*prendre*)

3 Mes parents .... à l'étranger quand ils

.... plus jeunes. (*travailler, être*)

4 Ma grand-mère ne .... pas conduire et

.... partout en bus ou à pied. (*savoir, aller*)

5 Avant, ils s'.............................. bien. (*entendre*)

6 Quand j'.............................. en vacances, je me

.... toujours tard. (*être, lever*)

7 Avant, vous ne .... pas de café. (*boire*)

8 Là où nous ...., il y .... un petit

café sympa. (*rester, avoir*)

4 Complétez la description de ce que faisait Alexandra à l'école primaire. Utilisez les verbes de la liste mais n'oubliez pas de les mettre à l'imparfait.

Alexandra (1)............................... son école primaire. Elle (2)...............
.... toujours avec impatience la rentrée. Elle (3)........................... .
beaucoup d'amis et ils (4)............................... ensemble dans la cour.
Les maitresses (5)............................... toutes très gentilles. En plus,
elle (6)............................... intéressantes toutes les activités qu'elle (7)
.... Une des maitresses leur (8)............................... une
histoire tous les après-midis. Cependant, elle (9)............................... la
cantine car on n'y (10)............................... pas bien.

| attendre |
| jouer |
| être |
| lire |
| adorer |
| avoir |
| trouver |
| faire |
| détester |
| manger |

STUDENT BOOK
83,85,87,99

GRAMMAR SECTION
242

K8 Perfect tense

1 Conjuguez les verbes *avoir* et *être* au présent.

avoir	
j'	nous ....
tu	vous ....
il/elle/on	ils/elles ....

être	
je	nous ....
tu	vous ....
il/elle/on	ils/elles ....

2 Écrivez le participe passé de chaque verbe.

1 choisir ....
2 manger ....
3 finir ....
4 vendre ....
5 jouer ....
6 descendre ....

7 passer ....
8 travailler ....
9 rendre ....
10 aller ....
11 envoyer ....
12 réussir ....

The perfect tense is used to talk about completed actions in the past. It is used to translate three forms of the past in English, e.g. 'I watched', 'I have watched' and 'I have been watching' would all be translated by *j'ai regardé*.

To form the perfect tense, use the present tense of *avoir* or *être* (the auxiliary verb) and then the past participle of the verb, e.g. *mangé*.

To form the past participle of regular verbs, the final *-er*, *-ir* or *-re* is removed from the infinitive and the following endings are added:
- *é* for *-er* verbs, e.g. *jouer = jou + é = joué*
- *i* for *-ir* verbs, e.g *choisir = chois + i = choisi*
- *u* for *-re* verbs, e.g. *vendre = vend + u = vendu*

3 Écrivez le participe passé de chaque verbe.

1 avoir ....

2 prendre ....

3 faire ....

4 pouvoir ....

5 être ....

6 venir ....

7 mettre ....

8 voir ....

9 boire ....

10 vouloir ....

11 devoir ....

12 recevoir ....

Most verbs take *avoir* in the perfect tense, but some, such as *aller*, take *être*. When a verb has *être* as its auxiliary, the past participle must agree with the subject of the verb, e.g.

See your textbook or a grammar book for a list of verbs that take *être*.

je suis allé(e)	*nous sommes allé(e)(s)*
tu es allé(e)	*vous êtes allé(e)(s)*
il/elle est allé(e)	*ils sont allés*
on est allé(e)(s)	*elles sont allées*

4 Complétez les phrases suivantes avec la bonne forme du verbe *avoir* et le bon participe passé.

1 Vous .... (*passer*) une journée agréable, les filles ?

2 Heureusement, il .... (*réussir*) l'examen.

3 Qu'est-ce que tu .... (*faire*) hier soir ?

4 Au café, j'............ .... (*prendre*) un diabolo menthe.

5 Hier, mon frère et moi .... (*devoir*) aller à une fête avec nos parents. Quelle barbe !

6 Khalid et Xavier .... (*travailler*) très dur cette année.

5 Complétez les phrases suivantes avec la bonne forme du verbe *être* et le bon participe passé. N'oubliez pas de faire les accords nécessaires.

1 Où est-ce que tu .... (*partir*) en vacances, Emma ?

2 Je .... (*sortir*) avec mes copains hier.

3 La semaine dernière, tous mes amis ....

(venir) chez moi.

4 Vous .... (rentrer) à quelle heure, les filles ?

5 Elle .... (descendre) du bus et

.... (aller) directement au cinéma.

6 Nous .... (rester) dans une famille très

gentille.

6 Mettez les phrases au passé composé. N'oubliez pas de faire les accords
nécessaires.

1 Tu vas au concert ce soir, Annie ?

....

2 Les filles arrivent à vingt heures.

....

3 J'envoie beaucoup de SMS.

....

4 Elle descend du bus devant la piscine.

....

5 Mon frère et moi mangeons un gouter quand nous rentrons du collège.

....

6 Mes parents travaillent très dur et peuvent donc partir en vacances.

....

The past participle can be used with *après avoir* and *après être* to say 'after
doing/being' something. You use *après avoir* with *avoir* verbs and *après être*
with *être* verbs. Past participles agree as usual with *être* verbs.

Après avoir mangé, j'ai regardé la télé.
After eating, I watched television.

Après être rentrés, ils ont fait leurs devoirs.
After getting back, they did their homework.

Après m'être levé(e), j'ai pris mon petit déjeuner.
After getting up, I had breakfast.

Remember that in this construction, the subject of both verbs in the
sentence must be the same.

7 Remplissez chaque blanc avec *avoir* ou *être* et faites l'accord du participe passé si nécessaire.

1 Après .... fait.......... mes devoirs, j'ai surfé sur Internet.

2 Après .... allé.......... au cinéma, elles sont rentrées.

3 Après .... descendu.......... du bus, il est allé au centre sportif.

4 Après .... lu.......... l'article, nous avons répondu aux questions.

5 Après .... terminé.......... le livre, elle l'a posé par terre.

6 Après .... arrivé.........., Marine et Claire sont allées directement à la plage.

8 Lisez les phrases et faites les accords nécessaires.

1 Les filles qu'on a vu.......... hier ne sont pas dans ma classe.

2 Le weekend dernier, j'ai vu.......... Samira en ville.

3 Voici les chaussures que j'ai acheté.......... .

4 Mes devoirs ? Oui maman, je les ai fait.......... .

> As well as having to agree with the subject of *être* verbs, past participles have to agree with preceding direct objects when *avoir* verbs are used, e.g. in the sentence *C'est la banane* **que** *j'ai achetée*, the *que* replaces the feminine noun (*la banane*). As *que* comes before the verb *-e* is added to the past participle.
>
> Similarly, in the sentence, *Les filles ? Je* **les** *ai vues hier*, the direct object pronoun *les*, which replaces *les filles* (f pl), comes before the verb so *-es* needs to be added.

K9 Pluperfect tense

STUDENT BOOK **197,199**   GRAMMAR SECTION **244**

> The pluperfect tense is used to talk about something that had happened before another past action. In English it contains the auxiliary verb 'have' in the past tense, 'had'.
>
> *J'avais déjà fini mes devoirs.*   I had already finished my homework.
>
> To form the pluperfect tense, use the imperfect of *avoir* or *être* and a past participle. Verbs that take *être* in the perfect tense also take *être* in the pluperfect tense.

1 Soulignez tous les verbes qui sont au plus-que-parfait.

1 J'avais déjà vu le film.

2 Hier, j'ai retrouvé mes amis en ville.

3 On ne savait pas s'il allait venir.

4 Heureusement, elle avait eu son Bac.

5 Ils étaient déjà partis.

6 Vous aviez fini ?

7 Tu n'étais jamais allé en Inde avant ?

8 Je voulais parler à Marc mais il était monté dans le bus.

2 Complétez les phrases avec la bonne forme du verbe *avoir* ou *être* à l'imparfait pour faire les phrases au plus-que-parfait.

1 J'............................ arrivé avant tous mes amis.

2 Nous .... déjà commencé.

3 Elle .... déjà arrivée.

4 Vous .... déjà visité Paris ?

5 Ils .... fini toutes leurs tâches ménagères.

6 Il n'............................ jamais vu la mer avant.

K10 Imperatives

The imperative is used for telling somebody to do something. To form the imperative, the *tu*, *vous* and *nous* forms of the present tense are used without the subject pronoun. Note that with *-er* verbs, the *tu* form of the present tense loses its final *-s*, e.g. *Mange ton assiette !*

The verbs *avoir*, *être*, *savoir* and *vouloir* have irregular forms:

avoir	Aie !	Ayons !	Ayez !
être	Sois !	Soyons !	Soyez !
savoir	Sache !	Sachons !	Sachez !
vouloir	Veuille !	Veuillons !	Veuillez !

1 Écrivez les trois formes de l'impératif pour chacun des verbes suivants.

1 aller ....

2 avoir ....

3 envoyer ....

4 faire ....

5 manger ....

6 être ....

7 prendre ....

8 venir ....

9 ranger ....

10 savoir ....

11 rentrer ....

12 vouloir ....

2 Complétez chaque phrase avec la forme correcte du verbe entre parenthèses à l'impératif.

1 .... au café du coin. (*aller, nous*)

2 .... tes devoirs avant de sortir. (*faire, tu*)

3 .... vos cahiers ! (*sortir, vous*)

4 .... au restaurant en ville ce soir ! (*manger, nous*)

5 .... sûr de travailler dur cette année. (*être, tu*)

6 ....-moi, monsieur. À quelle heure est-ce qu'on doit

être là ? (*dire, vous*)

7 .... un peu plus vite, autrement nous allons être

en retard. (*marcher, nous*)

8 N'............................ pas peur. (*avoir, tu*)

K11 The conditional

The conditional is used in French to talk about things that *would* happen or that someone *would* do, for example. The conditional has the same stem as the future tense and the same endings as the imperfect tense, e.g.

	-er verbs	-ir verbs	-re verbs
je	regarder**ais**	finir**ais**	rendr**ais**
tu	regarder**ais**	finir**ais**	rendr**ais**
il/elle/on	regarder**ait**	finir**ait**	rendr**ait**
nous	regarder**ions**	finir**ions**	rendr**ions**
vous	regarder**iez**	finir**iez**	rendr**iez**
ils/elles	regarder**aient**	finir**aient**	rendr**aient**

*J'aimer**ais** aller à l'université.*
I would like to go to university.

*Il ser**ait** content s'il pouvait sortir ce soir.*
He would be happy if he could go out this evening.

1 Soulignez les phrases qui sont au conditionnel.

   1 J'aimerais travailler à l'étranger.

   2 Je partirai en France cet été.

   3 S'il était riche, il serait très content.

   4 L'année prochaine, vous irez à l'université.

   5 Elles auraient plus de temps pour faire leurs devoirs si elles ne surfaient pas sur Internet tous les soirs.

   6 Vous faites une licence d'histoire ?

   7 Ce serait super s'il pouvait venir.

   8 Nous irions plus souvent au centre sportif si nous avions plus de temps.

2 Mettez les verbes suivants à la forme correcte du conditionnel.

   1 aimer (*je*) ....

   2 finir (*tu*) ....

   3 passer (*elles*) ....

   4 vouloir (*on*) ....

   5 être (*elle*) ....

   6 faire (*tu*) ....

   7 aller (*nous*) ....

   8 préférer (*je*) ....

   9 travailler (*il*) ....

   10 devoir (*vous*) ....

   11 vendre (*elle*) ....

   12 avoir (*ils*) ....

3 Réécrivez les phrases suivantes au conditionnel.

   1 J'aime partir en vacances.

   ....

   2 Ils préfèrent aller en ville cet après-midi.

   ....

   3 Tu es prêt à travailler comme bénévole ?

   ....

   4 Vous voulez aller à l'université ?

   ....

   5 Elle va à la plage mais elle n'a pas son maillot.

   ....

   ....

6 Il est difficile de les aider.

....

7 On est contents de vous revoir.

....

8 Nous faisons de notre mieux.

....

4 Soulignez les phrases qui sont au conditionnel passé. Ensuite, traduisez-les dans votre langue sur une feuille à part.

1 J'aurais préféré voir une comédie mais mes amis voulaient voir un film d'horreur.

2 Nous ferions plus de sport si nous avions le temps.

3 Tu aurais dû venir à la fête.

4 Vous seriez parti au Mexique si vous aviez eu plus d'argent ?

5 Est-ce qu'il viendrait ?

6 Elle aurait fait ses devoirs mais elle regardait un téléfilm.

K12 The subjunctive

Although you do not need to be able to produce the subjunctive for Cambridge IGCSE, it is useful to be able to recognise and understand it. The subjunctive is a form of the verb used in certain structures:

- after some verbs expressing an emotion or opinion, e.g. *Je veux que…*
- after *il faut que…*
- after conjunctions expressing time, e.g. *avant que…*
- after conjunctions expressing concession, e.g. *bien que…*

The present subjunctive is formed by taking the *ils* form of the present tense, removing the *-ent* and adding the following endings: *-e, -es, -e, -ions, -iez, -ent.*

Some verbs are irregular and their subjunctive forms must be learnt. These can be found in verb tables.

1 Reliez les débuts et les fins de phrases pour faire des phrases complètes au subjonctif. Ensuite, traduisez les phrases dans votre langue sur une feuille à part.

1 Crois-tu qu'on

2 Il faut que nous

3 On veut que vous

4 Il vaut mieux qu'il

5 Je t'appellerai avant que je

6 C'est dommage qu'ils

a fasse ses devoirs avant de sortir.

b parte.

c doive apporter un cadeau ?

d reveniez.

e ne puissent pas venir.

f arrivions plus tôt que d'habitude.

> There is another form of the conditional called the conditional perfect (*le conditionnel passé*). This is used to express what *would have happened*. To form the conditional perfect, use the conditional of *avoir* or *être* followed by the past participle of the verb.
>
> *J'aurais acheté des souvenirs mais je n'avais pas assez d'argent.*
> I would have bought some souvenirs but I didn't have enough money.
>
> *Elle serait partie plus tôt mais elle devait attendre sa sœur.*
> She would have left earlier but she had to wait for her sister.

K13 Present participles

1 Remplissez chaque blanc en choisissant un participe présent dans l'encadré.

```
bavardant          courant             mangeant

travaillant        lavant              écoutant

faisant            regardant
```

> In French, the present participle is formed by taking the *nous* form of the verb in the present tense, removing the *-ons* ending and replacing it with *-ant*, e.g. *donnons = donn + ant = donnant.*
>
> Present participles can be used with *en* to talk about two actions being done at the same times, to mean 'while/in/by/through doing something'.
>
> *Il fait ses devoirs en écoutant la radio.*
> He does his homework while listening to the radio.
>
> *J'améliore mon français en passant du temps en France.*
> I am improving my French by spending time in France.
>
> They can also be used with *en* to denote movement.
>
> *Elle est partie en courant.*
> She ran off.

1 Il a perdu du poids en .... moins de sucreries.

2 Elle a réussi ses examens en .... très dur.

3 Mes copains font leurs devoirs en .... de la musique.

4 Tu t'es fait mal à la jambe en .... du sport ?

5 Vous mangez en .... la télé ?

6 Nous faisons la vaisselle en ....

7 On peut gagner de l'argent en .... des voitures.

8 Elle est entrée dans la maison en ....

2 Écrivez des phrases pour parler des choses qu'on fait en même temps. Utilisez un participe présent à chaque fois.

Exemple : 1 *J'apprends beaucoup en faisant des recherches en ligne.*

1 Je | apprendre beaucoup | faire des recherches en ligne.

2 Tu | faire toujours des tâches ménagères | écouter de la musique.

....

3 Elle | rester en forme | avoir une alimentation équilibrée.

....

4 Ils | descendre la colline | crier.

....

5 Vous | prendre le petit déjeuner | lire le journal ?

....

6 Nous | se détendre | jouer au tennis.

....

K14 Reflexive verbs

> Reflexive verbs are accompanied by a reflexive pronoun that agrees with the subject of the verb:
>
> | je **me** lave | nous **nous** lavons |
> |---|---|
> | tu **te** laves | vous **vous** lavez |
> | il/elle/on **se** lave | ils/elles **se** lavent |
>
> **Note** that *me*, *te* and *se* become *m'*, *t'* and *s'* in front of a vowel or a silent 'h'.
>
> When using a reflexive verb in the infinitive, the reflexive pronoun still needs to agree with the subject.
>
> *Elle va se laver. Je vais m'habiller.*

1 Remplissez chaque blanc avec le bon pronom réfléchi.

1 je .... couche

2 tu .... couches

3 il/elle/on .... couche

4 nous .... couchons

5 vous .... couchez

6 ils/elles .... couchent

2 Complétez chaque phrase avec la forme correcte du verbe pronominal entre parenthèses au présent.

1 Les jours d'école, je .... tôt le matin. (*se lever*)

2 Ma copine .... bien avec sa belle-mère. (*s'entendre*)

3 Ma sœur et moi .... constamment. (*se disputer*)

4 Tu .... en route à quelle heure ? (*se mettre*)

5 Demain, je vais .... plus tard car c'est samedi.

(*se coucher*)

6 Vous .... comment ? (*s'appeler*)

7 Ils vont .... en été. (*se marier*)

8 Elle .... bien, ici. (*s'amuser*)

In commands with a reflexive verb with *vous* or *nous*, the reflexive pronoun comes after the verb and is joined with a hyphen.

> *Couchez-vous ! Habillons-nous !*

However, in negative commands with *nous* and *vous*, the pronoun goes in front of the verb.

> *Ne vous couchez pas.*

In affirmative commands with the *tu* form, the reflexive pronoun *te* changes to *toi*.

> *Repose-toi !*

However, this changes back to *te* in negative commands.

> *Ne te repose pas.*

3 Mettez les phrases à l'impératif.

Exemple : 1 Couche-toi tôt !

1 Tu dois te coucher tôt.

2 Vous devez bien vous amuser.

....

3 Tu ne dois pas t'inquiéter.

....

4 Nous ne devons pas nous disputer.

....

5 Vous devez vous réveiller, les enfants.

....

6 Nous devons nous mettre en route tout de suite.

....

Reflexive verbs form the tenses in the same way as other verbs. However, remember to include the reflexive pronoun.

> *Je **me** coucherai. Je **me** brossais les dents. Je **m'**amuserais.*

All reflexive verbs take *être* in the perfect and pluperfect tenses and the reflexive pronoun must be placed in front of the auxiliary verb and agree with the subject, e.g. *Je me suis couché(e).*

In the negative, the *ne* goes in front of the reflexive pronoun and the *pas* goes after the verb or, in the perfect and pluperfect tenses, the auxiliary verb.

> *Je **ne** me lève **pas** tôt. Elle **ne** s'est **pas** couchée de bonne heure.*

4 Reliez les débuts et les fins de phrases pour faire des phrases complètes.

1	Avant, je me	**a**	brossé les dents ?
2	Tu t'es déjà	**b**	réveillée très tôt ce matin.
3	Je vais	**c**	êtes bien amusées, les filles.
4	Nous nous	**d**	m'occuper des enfants.
5	Elle s'est	**e**	couchais toujours très tôt.
6	Vous vous	**f**	amuserons bien, j'en suis sûr.

5 Mettez les mots dans l'ordre pour faire des phrases au passé composé.

1 se | Elles | habillées | déjeuner | petit | le | sont | avant.

....

2 me | Espagne | amusé | suis | Je | bien | en.

....

3 s'est | brossé | dents | Elle | les.

....

4 nous | ne | disputés | Heureusement, | nous | sommes | pas.

....

5 est-ce que | fâché | Pourquoi | vous | êtes | vous.

....

6 réveillé | pas | On | s' | tard | ne | est.

....

K15 Modal verbs

STUDENT BOOK **133**   GRAMMAR SECTION **246**

1 Conjuguez les verbes *devoir*, *pouvoir*, *vouloir* et *savoir* au présent.

devoir	
je	nous ....
tu	vous ....
il/elle/on	ils/elles ....

pouvoir	
je	nous ....
tu	vous ....
il/elle/on	ils/elles ....

The verbs *pouvoir* (to be able to), *savoir* (to know / know how to), *devoir* (to have to) and *vouloir* (to want to) are known as modal verbs. Modal verbs are always followed by an infinitive, e.g. *Je ne peux pas venir.*

Note that *vouloir* can also be used without a dependent infinitive (e.g. *Je veux du chocolat*) and therefore is not always a modal verb.

Savoir is used to convey the idea of knowing how to do something, or having knowledge of facts, e.g. *Il sait nager.*

vouloir		
je	nous	
tu	vous	
il/elle/on	ils/elles	

savoir		
je	nous	
tu	vous	
il/elle/on	ils/elles	

2 Complétez chaque phrase avec la forme correcte de *pouvoir*, *devoir*, *vouloir* ou *savoir*.

1 Malheureusement, nous ne .... pas venir car nous

avons trop de devoirs.

2 Je .... rentrer avant vingt-deux heures.

3 Mon petit frère ne .... pas encore nager.

4 Je .... me lever tôt demain, mais je ne

.... pas.

5 Vous .... venir en ville demain ?

6 Ils .... voir un film.

3 Remplissez chaque blanc avec le bon participe passé.

1 Sandrine voulait aller en ville mais elle n'a pas

....

2 Je ne pouvais pas aller à la fête car j'ai .... faire

du babysitting.

3 Je l'ai invité mais il n'a pas .... venir.

4 Ils ont .... oublier leurs clés.

5 Personne n'a rien dit donc il ne l'a pas ....

6 Tu es arrivé très tôt. Tu as donc .... attendre longtemps.

Modal verbs use *avoir* in the perfect tense and are followed by a verb in the infinitive. Their past participles are irregular: *pu*, *dû*, *voulu*, *su*.

Note that in the perfect tense, *devoir* means 'had to' or 'must have'.

In the conditional, *devoir* means 'should' or 'ought to' and *pouvoir* means 'might' or 'could'.

K16 Direct and indirect speech

GRAMMAR SECTION 247

1 Notez si les phrases suivantes sont au style direct (D) ou indirect (I).

1 Elle a dit qu'elle arriverait au début de l'après-midi. ....

2 Il dit qu'il est fatigué. ....

3 Clara dit : « Je ferai une année sabbatique. » ....

4 Elle continue : « Je veux faire du bénévolat. » ....

5 Ils nous ont rassuré qu'ils étaient contents d'être ici. ....

6 Elle a expliqué : « Je n'ai pas fini. » ....

7 Maman nous a dit qu'on partirait tôt. ....

8 Jérémy a dit : « Je ne sais pas ce que je veux faire comme métier. » ....

2 Mettez les phrases suivantes au style direct.

Exemple : 1 Léna a dit : « *Je suis vraiment contente de vous revoir.* »

1 Léna a dit qu'elle était vraiment contente de nous revoir.

2 Ma copine m'a demandé où je voulais aller.

....

3 Dom a expliqué qu'il n'avait plus d'argent.

....

4 Aisha a demandé à sa sœur de baisser le son.

....

3 Maintenant, changez les affirmations au style direct en discours indirect.

Exemple : 1 Il a crié que ce n'était pas juste.

1 « Ce n'est pas juste » a-t-il crié.

2 Anne a dit : « Je ne veux pas aller à l'université. »

....

3 « Je me lève à cinq heures et je suis donc toujours fatigué » a expliqué James.

....

4 Charlotte a avoué : « Je ne sais pas quel sera le meilleur lycée pour moi. »

....

> Direct speech is speech as it happens and is indicated by speech marks.
>
> *Elle explique :*
> *« Papa est au travail. »*
>
> Indirect speech is used when a person's words are reported by either the original speaker or another person. No speech marks are needed in indirect speech.
>
> *Elle explique que son papa est au travail.*
>
> Often, the tense of the verb needs to change when direct speech is changed into indirect speech.
>
> *Elle explique :*
> *« Papa est au travail. »*
>
> *Elle a expliqué que son papa était au travail.*

K17 The passive

When the subject of a sentence is the receiver of an action, the sentence is in the passive voice, e.g. *Elle a été choisie.*

To form the passive, use the verb *être* in a particular tense (present, future, perfect etc.) and a past participle, which must agree with the subject in number and gender.

> La **porte** a été ferm**ée**. Les **billets** seront réserv**és**.

Note that you cannot use the passive with an indirect object as the action is not being done to it, e.g.

~~Il a été donné un livre~~ is **not** correct, as *he* is not being given; the *book* is being given.

On lui a donné un livre is correct.

1 Soulignez les phrases qui sont à la voix passive. Ensuite, traduisez-les dans votre langue.

1 Le papier sera recyclé.

....

2 Nous avons déjà réservé les billets.

....

3 Les lumières ont été éteintes.

....

4 Il m'a envoyé un courriel.

....

5 Les élèves seront surveillés par les professeurs.

....

6 Vous serez surement invité à la fête.

....

7 Mes amis m'ont offert un beau cadeau d'anniversaire.

....

8 Toutes les glaces ont été vendues.

....

K18 Verbs requiring *à* or *de* + infinitive

STUDENT BOOK **211** GRAMMAR SECTION **247**

> Some verbs need to be followed by *à* or *de* before the infinitive.
>
> *Je vais vous aider **à** faire vos devoirs.* I am going to help you to do your homework.
>
> *Les enfants se sont amusés **à** jouer dans le jardin.* The children had fun playing in the garden.
>
> *Nous avons oublié **d'**acheter du jus d'orange.* We forgot to buy orange juice.
>
> *Il faut s'arrêter **de** parler.* You have to stop talking.

1 Les verbes suivants sont-ils suivis de *à* + *infinitif* ou de *de* + *infinitif* ? Mettez chaque verbe sous le bon titre.

aider	continuer	inviter	refuser
apprendre	décider	offrir	réussir
cesser	essayer	oublier	s'amuser
commencer	finir	permettre	se mettre

à	de

2 Remplissez chaque blanc avec *à, de* ou *d'*.

1 Guillaume essaie .... finir ses devoirs.

2 Les enfants ont aidé leur mère .... faire le ménage.

3 Nous avons oublié .... réserver les billets et il n'en reste plus.

4 Mon cousin refuse .... aller à l'université. Il veut trouver un emploi.

5 L'année prochaine, ma sœur ainée apprendra .... conduire.

6 Mes copines ont décidé .... faire une année sabbatique.

7 Je vous invite .... m'envoyer une lettre de motivation.

8 Les élèves ont cessé .... parler quand le prof est entré dans la salle de classe.

Photocopying prohibited *Cambridge IGCSE™ French Grammar Workbook (Second edition)* **87**

....

Some verbs require *à* in front of the person and *de* in front of the infinitive.

> *Elle a dit **à** Marc **de** partir.* She told Marc to leave.
>
> *J'ai ordonné **à** Paul **de** venir me voir.*
> I ordered Marc to come to see me.
>
> *La professeure conseille **aux** élèves **de** travailler dur.*
> The teacher advised the pupils to work hard.
>
> *Il faut défendre **à** Sam **de** sortir ce soir.*
> It is necessary / You must stop/ban Sam from going out this evening.

Other such verbs include: *permettre. promettre. proposer* etc.

3 Faites des phrases complètes.

Exemple : 1 Hier, Alexandra a dit à ses amis de la retrouver devant le cinéma.

1 Hier, | Alexandra | dire | ses amis | retrouver | devant le cinéma.

2 Je | conseiller toujours | invités | ne pas venir en voiture.

....

....

3 Nous | défendre | nos enfants | aller au concert qui a eu lieu samedi dernier.

....

....

4 Je | proposer | vous | tous | venir chez moi.

....

....

K19 *Depuis* with verbs

When an action that started in the past is still going on in the present, French uses the present tense, usually with *depuis*.

> *J'étudie le français depuis 5 ans.*
> I have been studying French for 5 years.

When the story/event takes place in the past and the action has been going on further back in time, the present tense is replaced with the imperfect tense.

> *Je le connaissais depuis longtemps.*
> I had known him for a long time.

Depuis can also be used with *quand* to ask 'how long?'.

> *Tu joues du piano depuis quand ?*
> How long have you been playing the piano for?

1 Traduisez les phrases suivantes dans votre langue.

1 J'habite ici depuis 2 ans mais je ne connais toujours pas les voisins.

....

2 Nous faisons de l'équitation depuis 1 an maintenant.

....

3 On l'attend depuis 1 heure et, franchement, on en a marre !

....

4 Elle joue au foot depuis quand ?

....

5 Je surfais sur Internet depuis 1 heure quand ma mère m'a demandé de l'aider dans la cuisine.

....

....

6 Vous regardiez passer des gens depuis longtemps quand vous l'avez vu ?

....

....

7 Il fait du bénévolat depuis 6 mois.

....

8 Ma mère travaille au même endroit depuis 15 ans.

....

....

2 Faites des phrases au présent avec *depuis*.

Exemple : 1 Ils font de la gymnastique depuis 2 ans.

1 Ils | faire | de la gymnastique | 2 ans.

2 Les enfants | regarder | la télé | 3 heures.

....

3 Nous | attendre | le bus | une demi-heure.

....

4 Vous | apprendre | l'espagnol | combien de temps ?

....

5 Je | être | ici | 1 mois.

....

6 Tu | travailler à Paris | longtemps ?

....

7 Elles | connaitre les Armand | 20 ans.

....

8 Il | être | malade | 1 semaine, le pauvre.

....

K20 *Venir de* with infinitive verbs

STUDENT BOOK **153,155** GRAMMAR SECTION **248**

1 Reliez les débuts et les fins de phrases pour faire des phrases complètes. Ensuite, traduisez les phrases dans votre langue sur une feuille à part.

1 Ils

2 Je

3 Alors, tu venais de te coucher

4 Nous

5 Il

6 Elle venait d'arriver à Paris et

7 Vous

8 On venait d'arriver à la plage

a elle voulait visiter tous les monuments.

b venons de rentrer de l'école.

c quand il a commencé à pleuvoir.

d viennent juste de téléphoner.

e venez seulement de partir ?

f quand ton portable a sonné.

g vient de voir son groupe préféré.

h viens de voir un super film.

> The present tense of *venir* is used with *de* and an infinitive to express the idea that someone has just done something or that something has just taken place.
>
> *Je viens de finir.*
> I have just finished.
>
> *Venir de* can also be used in the imperfect tense to mean that someone had just done something.
>
> *Il venait de finir.*
> He had just finished.

2 Traduisez les phrases suivantes dans votre langue.

1 Tu viens de réserver les billets ? Génial !

....

2 Je viens de parler avec mes amis.

....

3 Vous venez de gagner 1 000 Euros ! Félicitations !

....

4 Il vient d'apprendre qu'il a réussi son examen.

....

5 Elle venait de se lever quand ils sont arrivés.

....

6 On vient de rentrer de l'Italie.

....

K21 *Avoir*

STUDENT BOOK 35,37 | GRAMMAR SECTION 248

The verb *avoir* is used in many idiomatic expressions that are followed by an infinitive, such as:

- *avoir besoin de* (to need): *Nous avons besoin de rentrer à quelle heure ?*
- *avoir du mal à* (to have trouble): *J'ai du mal à entendre ce que vous me dites.*
- *avoir envie de* (to feel like): *J'ai envie de dormir.*

For a full list of these expressions, see the grammar section of the Student Book.

Avoir is also used in French where 'to be' would be used in English, to describe age, ailments and other conditions.

Elle a 12 ans.   She is 12 years old.

J'ai chaud / froid / sommeil.   I am hot / cold / sleepy.

1 Traduisez les phrases suivantes dans votre langue.

1 Elle n'avait pas le temps de faire des tâches ménagères à cause de ses devoirs.

....

2 Aïe, j'ai mal partout... au dos, aux jambes. Un moment j'ai chaud, ensuite j'ai froid. En plus, j'ai sommeil.

....

....

3 Nous ne venons pas au concert ce soir car nous avons tous horreur de la musique rock.

....

4 On n'a pas le droit d'utiliser nos portables en classe.

....

5 Ma sœur aura bientôt 18 ans. Elle a hâte d'aller à l'université.

....

....

6 Vraiment, je n'ai pas envie de jouer au foot aujourd'hui. Je pense que j'ai la grippe.

....

7 Vous avez l'intention d'être médecin plus tard ?

....

8 J'ai eu du mal à dormir cette nuit.

....

2 Remplissez chaque phrase avec une expression qui contient *avoir* que vous aurez choisie dans la liste ci-dessous. N'oubliez pas de vous servir de la bonne forme de l'auxiliaire *avoir* et de changer *de* en *d'* si besoin.

Exemple : 1 j'ai hâte de

1 J'attends avec impatience les vacances. Vraiment, j'.........................

.... partir.

2 Son ordinateur ne marche plus. Il ....

en acheter un nouveau.

3 Vous avez beaucoup de devoirs. Vous ....

les faire ce soir ?

4 Nous n'allons pas visiter le Centre Pompidou car nous n'.................

.... visiter tous les monuments.

5 Ils dinent toujours vers 18 h 00 parce qu'ils ....

.... manger trop tard.

6 J'ai 18 ans maintenant, donc j'..

.... conduire.

7 Elle ne sait jamais ce qu'il faut faire car elle ....

.... entendre la professeure.

> avoir envie de
> avoir besoin de
> avoir le temps de
> avoir du mal à
> avoir le droit de
> avoir l'intention de
> avoir horreur de
> avoir hâte de

 Cambridge IGCSE™ French Grammar Workbook (Second edition)

8 En fait, je ne vais pas au concert. Je n'...

.... sortir ce soir.

K22 *Faire*

> The verb *faire* usually means 'to do' or 'to make'. However, it can also mean 'to go' in some expressions, e.g. *faire des achats* (to go shopping), *faire du camping* (to go camping), *faire du vélo* (to go for a bike ride).
>
> *Faire* is used for all sports, e.g. *faire de la natation* (to go swimming), *faire de la voile* (to go sailing), *faire du foot* (to play football).
>
> For a full list of similar expressions with *faire*, see the grammar section of the Student Book.
>
> *Faire* can also take on a different meaning altogether, e.g. *faire l'appel* (to take the register), *faire ses bagages* (to pack one's bags), *faire la cuisine* (to cook).

1 Remplissez chaque phrase avec une expression qui contient *faire* choisie dans l'encadré. N'oubliez pas de vous servir de la bonne forme de *faire*.

Exemple : 1 faire la grasse matinée

faire partie de	**faire du ski**	**faire un paquet-cadeau**	**faire chaud**
faire de la natation	**faire du lèche-vitrines**	**faire la grasse matinée**	**faire une promenade**

1 Je suis fatigué. Je vais ....

demain.

2 Vous .... ou de l'équitation ?

3 Tu .... une équipe ?

4 Vraiment, il .... ici !

5 La vendeuse a ....

6 S'il fait beau, on va .... sur la

plage.

7 Nous n'avons rien acheté mais nous ....

....

8 L'hiver prochain, ma famille et moi ....

dans les Alpes.

K23 Impersonal verbs

Impersonal verbs are only used in the third person singular (*il*). These include: *il y a, il faut, il manque, il parait que, il pleut, il reste, il s'agit de, il suffit de, il vaut mieux, il fait* + weather phrases.

Il manque 2 euros.   Two euros are missing.

Il reste un peu de gâteau.   There is a bit of cake left.

Il fait beau.   The weather is nice.

Note that *il faut* can have different meanings:
- *Il faut faire tes devoirs.* You must do your homework.
- *Il faut de l'eau pour vivre.* We need water to live.
- *Il faut une minute pour y aller.* It takes a minute to get there.

Il faut can also be used with an indirect object pronoun.

*Il **me** faut du papier.*   I need some paper.

*Il **leur** faut du temps.*   They need some time.

Il y a can be used with an expression of time to mean 'ago'.

Il y a 2 ans.   Two years ago.

1 Reliez les débuts et les fins de phrases pour faire des phrases complètes.

1	Il ne reste pas	**a**	prendre le bus pour aller en ville.
2	Il suffit	**b**	constamment pendant les vacances.
3	Il faut	**c**	d'acheter un petit gâteau.
4	Il pleuvait	**d**	d'une histoire vraie.
5	Il s'agit	**e**	un cinéma et un théâtre en ville.
6	Il y a	**f**	assez d'argent.

2 Remplissez chaque blanc avec un mot ou une expression de la liste.

1 Il .... qu'elle ait oublié ses devoirs une fois de plus.

2 Tout le monde est présent ou il .... quelqu'un ?

3 Il .... beaucoup travailler pour réussir.

4 Il .... d'une histoire policière.

5 Cet automne-là, il .... sans cesse.

6 Il .... le voir pour comprendre le problème.

7 Franchement, il .... ne pas en parler.

8 Il .... beaucoup à faire.

> faut
> manque
> pleuvait
> suffisait de
> vaut mieux
> reste
> s'agit
> parait

K24 Dependent infinitives

1 Traduisez les phrases suivantes dans votre langue.

1 Elle ne savait pas comment faire cuire du riz.

....

2 Vraiment, il faut te faire couper les cheveux.

....

3 Je vais faire nettoyer ma voiture.

....

4 Faites entrer les invités, s'il vous plait.

....

5 Je dois faire réparer mon portable.

....

6 J'ai fait faire un gâteau pour l'anniversaire de ma mère.

....

....

> To say that you have something done by somebody else, e.g. something cut, repaired, built or cleaned, you need to use *faire* followed by the appropriate infinitive, e.g. *faire construire* (to get something built), *faire couper* (to get something cut), *faire nettoyer* (to get something cleaned), *faire réparer* (to get something repaired).
>
> *Elle va se faire construire une maison.*

K25 Mixed-tense sentences

> When you use longer sentences with clauses, you will find that they refer to more than one time frame and therefore use more than one tense.

1 Reliez les débuts et les fins de phrases pour faire des phrases complètes.

1 Si tu rentres trop tard

2 Elle m'a dit

3 Je le ferai cet après-midi

4 Je regardais la télé

5 J'espère qu'ils

6 Avant, mon frère et moi adorions jouer dans le jardin, mais

7 S'il avait révisé,

8 Je suis sûr

a si j'ai le temps.

b quand le téléphone a sonné.

c ont fait leurs devoirs.

d maintenant nous préférons jouer à des jeux vidéo.

e je vais me mettre en colère.

f il aurait réussi.

g que la situation s'améliorera.

h qu'elle viendrait me voir.

Progress the ability to use French effectively with comprehensive advice and hours of ready-made activities, all focused on the grammar that is essential for competent, independent linguists.

›› Create an end-to-end learning resource for Cambridge IGCSE™ French alongside the Student's Book and Vocabulary Workbook.

›› Support throughout the course with clear explanations of key grammar points and a wide range of activities for classwork and homework.

›› Save valuable preparation time and expense with self-contained exercises that do not need photocopying and have full answers provided online.

›› Stretch and challenge students to achieve their best while ensuring the progression required for further study.

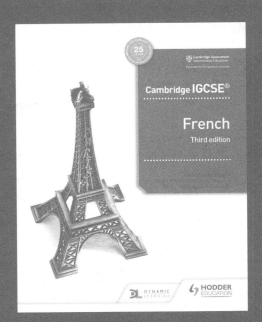

Use with *Cambridge IGCSE™ French (Third edition)*
9781510447554

For over 25 years we have been trusted by Cambridge schools around the world to provide quality support for teaching and learning. For this reason we have been selected by Cambridge Assessment International Education as an official publisher of endorsed material for their syllabuses.

Working for over **25 YEARS** WITH Cambridge Assessment International Education

This resource is endorsed by
Cambridge Assessment International Education

✓ Provides learner support for the Cambridge IGCSE, IGCSE (9–1) and O Level French syllabuses (0520/7156/3015) for examination from 2021

✓ Has passed Cambridge International's rigorous quality-assurance process

✓ Developed by subject experts

✓ For Cambridge schools worldwide

ISBN 978-1-5104-4754-7

MIX
Paper from responsible sources
FSC™ C104740

HODDER EDUCATION
www.hoddereducation.com